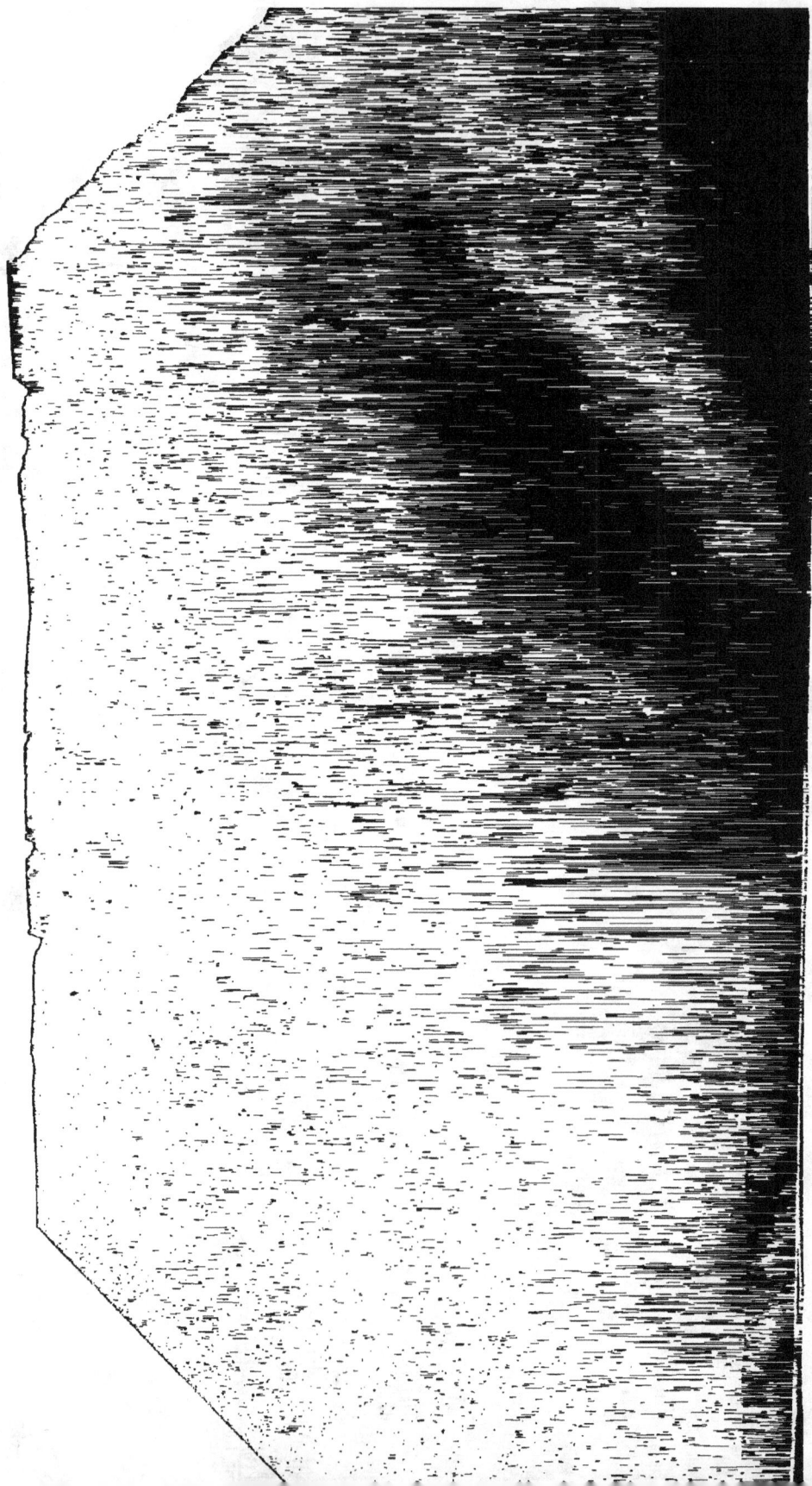

# GRAMMAIRE FRANÇAISE

## ÉLÉMENTAIRE.

*Propriété de l'Editeur.*

©

Toulouse. — Imprimerie LAMARQUE et RIVES, succ. d'Henault, rue Triprière, 9.

# GRAMMAIRE FRANÇAISE

## ÉLÉMENTAIRE,

### RÉDIGÉE SUR UN NOUVEAU PLAN,

PAR

UN PÈRE DE LA COMPAGNIE DE JÉSUS.

Ne quis tanquam parva fastidiat
Grammatices elementa.
Quint. instit. orat., l. 1, c. 4.

## TOULOUSE,

Chez ÉDOUARD PRIVAT, libraire-éditeur, rue des Tourneurs, 45.

| PARIS, | LYON, |
|---|---|
| J.-B. PÉLAGAUD et Cⁱᵉ, libraires, rue des Saints-Pères, 57. | J.-B. PÉLAGAUD et Cⁱᵉ, libraires, Grande rue Mercière, 50. |

1856.
1857

# DIVISION GÉNÉRALE DE LA GRAMMAIRE.

Ce cours de Grammaire Française est divisé en trois parties.

La première partie, destinée à la classe élémentaire (7^me et 8^me), contient :

1° *Des notions préliminaires sur les dix parties du discours ;*
2° *Un supplément où sont réunies les irrégularités et les exceptions dont la nomenclature embarrasserait l'exposition des principes élémentaires ;*
3° *Des observations sur l'emploi des signes orthographiques et des majuscules;*
4° *Un traité d'analyse grammaticale.*

La deuxième partie, destinée au cours inférieur, 1^er ordre (6^me), contient :

1° *Des règles de la syntaxe d'accord ;*
2° *Des figures de grammaire;*
3° *Un traité d'analyse logique.*

La troisième partie, destinée au cours inférieur, 2^me ordre (5^me), contient :

1° *Des règles sur l'emploi de l'article, des pronoms, des verbes, etc.;*
2° *Un traité de ponctuation ;*
3° *Un petit traité de prononciation.*

On a senti la nécessité d'un travail qui disposât les principes de la Grammaire d'après le degré d'exercice et d'intelligence des élèves. Des maîtres expérimentés ont fait plusieurs essais dans ce but. Les uns, après avoir rédigé une grammaire complète, en ont fait un abrégé. Mais l'obligation de changer de livre et de revoir, sous une forme nouvelle, des principes déjà vus dans le livre élémentaire, sera toujours un obstacle réel au progrès rapide des élèves. D'autres, pour déterminer les principes secondaires et les observations particulières, ont eu recours à une combinaison d'astérisques. L'élève ne peut se retrouver au milieu de cette complication de signes et de caractères divers, et il laisse souvent la règle générale pour s'attacher à retenir une exception sans importance.

Notre division, en évitant ces deux inconvénients, favorise encore l'enseignement simultané de la grammaire latine et de la grammaire grecque. Chaque partie prépare à l'intelligence de la partie correspondante de la grammaire latine, comme chaque partie de la grammaire latine soumise à la division d'*Alvarez* prépare à la partie correspondante de la grammaire grecque. De plus, la 2$^{me}$ partie, moins étendue que la partie destinée à la classe élémentaire, laisse plus de temps à l'explication des préceptes latins, et la 3$^{me}$ partie, moins étendue que les deux autres, laisse encore plus de temps à la double explication des préceptes latins et grecs.

Les commentaires qui, dans la plupart des grammaires suivent chaque règle, nous paraissent être une superfétation. Ces commentaires et ces exemples, faits et choisis par tel ou tel professeur, pour telle ou telle classe d'élèves, sont, dans bien des cas, sans portée et sans valeur ; et c'est multiplier sans utilité les exercices de mémoire. Dans cette grammaire, après chaque règle, vient un exemple ; le maître explique les préceptes avant de les donner à apprendre ; il connaît la portée d'intelligence et le degré d'exercice de ses élèves, et c'est sur cette connaissance qu'il doit régler la durée et le caractère de ses explications.

Une simple lecture, et plus encore, la pratique, feront apprécier les modifications heureuses que l'expérience de l'enseignement et l'étude sérieuse de la grammaire ont fait introduire dans l'exposition de l'analyse grammaticale, de l'analyse logique, des règles des substantifs composés, des participes, etc., etc.

# PRINCIPES.

---

# CLASSE ÉLÉMENTAIRE.

(7ᶜ ET 8ᵉ.)

# AVIS AU MAITRE.

—

I. *L'étude du supplément sera l'objet du 2e semestre, et dès que les notions préliminaires seront parfaitement sues et comprises.*

*Dans les maisons où la classe élémentaire comprend deux divisions distinctes (7e et 8e), on réservera le supplément, avec quelques observations d'orthographe usuelle, pour la 2e division (7e).*

II. *A mesure qu'on étudiera les diverses parties du discours, on pourra expliquer la 1re partie de l'analyse grammaticale, en faisant souvent, soit de vive voix, soit par écrit, les questions qui suivent chaque tableau synoptique.*

*Il est grandement important de ne passer à la 2e partie de l'analyse grammaticale que lorsque les élèves sauront reconnaître, sans hésiter et à première vue, le genre, le nombre, le mode, le temps, etc., des noms, des adjectifs et des verbes. C'est une condition nécessaire de progrès rapide dans la 2e partie, comme la connaissance de la 2e partie est une garantie de succès dans l'étude de la syntaxe française et latine.*

III. *L'usage de la langue rend les règles de la formation des temps moins importantes en français qu'en latin et en grec.*

*La distinction des adverbes, des prépositions et des conjonctions est encore sans utilité dans la Grammaire française ; nous l'avons omise.*

IV. *Le maître suppléera, dans les exercices de lecture, à l'absence de quelques observations sur les signes orthographiques, les signes de ponctuation, l'h aspirée et l'h muette, etc., que la disposition adoptée enlève aux notions préliminaires.*

# GRAMMAIRE FRANÇAISE

## ÉLÉMENTAIRE.

## INTRODUCTION.

La Grammaire est l'art de parler et d'écrire correctement.

Pour parler et pour écrire on se sert de mots : les mots sont composés de lettres.

Il y a en français vingt-cinq lettres, qui se divisent en *voyelles* et en *consonnes*.

Il y a six voyelles, qui sont : *a, e, i, o, u, y.*

Il y a dix-neuf consonnes, qui sont : *b, c, d, f, g, h, j, k, l, m, n, p, q, r, s, t, v, x, z.*

On appelle diphthongue une réunion de voyelles qui font entendre deux sons en une seule émission de voix : *ie, oi ; pied, loi.*

On appelle syllabe une ou plusieurs lettres qui se prononcent d'une seule émission de voix : *autorité, charité.*

On appelle monosyllabe un mot qui n'a qu'une syllabe, et polysyllabe un mot qui a plusieurs syllabes.

Il y a en français dix sortes de mots qu'on appelle les dix parties du discours, savoir : le *substantif,* l'*article,* l'*adjectif,* le *pronom,* le *verbe,* le *participe,* l'*adverbe,* la *préposition,* la *conjonction* et l'*interjection.*

1.

Le substantif, l'article, l'adjectif, le pronom, le verbe et le participe sont appelés mots *variables*, parce que leur terminaison change.

L'adverbe, la préposition, la conjonction et l'interjection sont appelés mots *invariables*, parce que leur terminaison ne change pas.

# SUBSTANTIF.

Le substantif ou nom est un mot qui sert à désigner une personne ou une chose.

Il y a deux sortes de substantifs : le *substantif propre* et le *substantif commun*.

Le substantif propre est celui qui ne convient qu'à une seule personne ou à une seule chose : *Pierre, Paul.*

Le substantif commun est celui qui convient à toutes les personnes ou à toutes les choses de la même espèce : *livre, chapeau.*

Il y a deux genres : le *masculin* et le *féminin.*

Le masculin pour les noms d'hommes et de mâles : *roi, lion.*

Le féminin pour les noms de femmes et de femelles : *reine, lionne.*

On a donné le genre masculin ou le genre fémin n aux noms de choses qui ne sont ni mâles, ni femelles : *jardin, livre*, masc.; *fleur, table*, fém.

Il y a deux nombres : le *singulier* et le *pluriel.*

Le singulier, quand on ne parle que d'une seule personne ou d'une seule chose : *un jardin. une fleur.*

Le pluriel, quand on parle de plusieurs personnes ou de plusieurs choses : *des jardins, des fleurs.*

## FORMATION DU PLURIEL DANS LES SUBSTANTIFS.

On forme le pluriel dans les substantifs en ajoutant une *s* au singulier : *un jardin, des jardins; une fleur, des fleurs*.

Exceptions :

1° Les noms terminés au singulier par *s, x, z*, ne changent pas au pluriel : *un fils, des fils; une voix, des voix; un nez, des nez*.

2° Les noms terminés au singulier par *eau, au, eu*, prennent une *x* : *un vaisseau, des vaisseaux ; un gluau, des gluaux; un neveu, des neveux. — Landau* fait *landaus* (Acad.).

3° Sept noms en *ou* prennent *x* : *bijou, caillou, chou, genou, hibou, joujou, pou*.

4° Les noms en *al* font au pluriel *aux* : *un tribunal, des tribunaux; un journal, des journaux*.

Mais *bal, carnaval, régal, pal*, prennent *s*.

5° Six noms en *ail* font *aux* : *bail, corail, émail, soupirail, vantail, travail*.

Mais *ail* fait *aulx*, et *bétail, bestiaux*.

---

## ARTICLE.

L'article est un mot qui se met devant les noms communs pour annoncer qu'ils sont déterminés.

Il y a deux sortes d'articles : *l'article simple* et *l'article composé*.

L'article simple est : *le, la, les*.

*Le*, se met devant les substantifs masc. sing. : *le roi*.

*La*, se met devant les substantifs fém. sing. : *la reine* (\*).

*Les*, se met devant les substantifs masc. ou fém. plur. : *les rois, les reines,*

On retranche *è* dans l'article *le*, et *a* dans l'article *la*, et l'on remplace ces voyelles par une apostrophe, quand le mot suivant commence par une voyelle ou une *h* muette : *l'argent, l'histoire* pour *le argent, la histoire.*

L'article composé est : *au, aux, du, des.*

*Au* et *du* se mettent pour *à le, de le* devant un nom masc. sing. qui commence par une consonne ou une *h* aspirée : *du jardin, au héros.*

*Aux, des,* se mettent pour *à les, de les* devant un nom plur. masc. ou fém. : *des enfants, aux vertus.*

---

# ADJECTIF.

L'adjectif est un mot qui sert à modifier le substantif.

L'adjectif modifie le substantif en le qualifiant ou en le déterminant ; de là deux sortes d'adjectifs : les *qualificatifs* et les *déterminatifs*.

## Adjectifs qualificatifs.

L'adjectif qualificatif est celui qui exprime la qualité du substantif.

Or, il peut exprimer la qualité simplement, ou avec comparaison, ou en la portant au dernier degré soit

---

(\*) On reconnaît qu'un substantif est du genre masculin, quand il est précédé ou qu'on peut le faire précéder de l'article *le*, et on reconnaît qu'il est du genre féminin, quand il est précédé ou qu'on peut le faire précéder de l'article *la*.

en plus, soit en moins ; de là trois degrés de signification : le *positif*, le *comparatif* et le *superlatif*.

Le positif exprime simplement la qualité : *cette rose
est belle.*

Le comparatif exprime la qualité avec comparaison.
Mais en comparant deux objets, on trouve que l'un
est supérieur, ou égal, ou inférieur à l'autre ; de là
trois sortes de comparatifs :

Le *comparatif de supériorité*, qui se marque en
mettant *plus* devant l'adjectif : *la rose est plus belle
que la violette.*

Le *comparatif d'égalité*, qui se marque en mettant
*aussi* devant l'adjectif : *la rose est aussi belle que la
violette.*

Le *comparatif d'infériorité*, qui se marque en mettant *moins* devant l'adjectif : *la violette est moins belle
que la rose.*

Trois adjectifs forment seuls une comparaison :

*Meilleur*, comparatif de *bon*.

*Moindre*, comparatif de *petit*.

*Pire*, comparatif de *mauvais*.

Le superlatif exprime la qualité portée au dernier
degré soit en plus, soit en moins. Mais en portant une
qualité au dernier degré, on peut la considérer en
elle-même ou par rapport aux qualités de la même
espèce ; de là deux sortes de superlatifs :

Le *superlatif absolu*, qui se marque en mettant
*très, fort, le plus, le moins*, devant l'adjectif : *Paris
est une très belle ville.*

Le *superlatif relatif*, qui se marque en mettant
*plus, pire, moindre, moins, mieux*, et un article ou un
adjectif déterminatif devant l'adjectif : *Paris est la
plus belle ville de France.*

## Adjectifs déterminatifs.

L'adjectif déterminatif est celui qui précise la signification du substantif.

Or, on peut déterminer le substantif en l'indiquant, en marquant la possession, le rang, la quantité, ou en le désignant d'une manière vague ; de là quatre sortes d'adjectifs déterminatifs : les adjectifs *démonstratifs*, les adjectifs *possessifs*, les adjectifs *numéraux* et les adjectifs *indéfinis*.

### Adjectifs démonstratifs.

Les adjectifs démonstratifs déterminent les substantifs en les montrant ou en les rappelant à l'esprit.

Les adjectifs démonstratifs sont :

*Ce, cet* (*), masc. sing.

*Cette*, fém. sing.

*Ces*, masc. ou fém. plur.

### Adjectifs possessifs.

Les adjectifs possessifs déterminent les substantifs en y ajoutant une idée de possession.

Les adjectifs possessifs sont :

*Mon, ton, son* (**), *notre, votre, leur*, masc. sing.

*Ma, ta, sa, notre, votre, leur*, fém. sing.

*Mes, tes, ses, nos, vos, leurs*, masc. ou fém. plur.

---

(*) *Ce*, devant les mots qui commencent par une consonne ou une *h* aspirée : *ce livre, ce hameau.*

*Cet*, devant les mots qui commencent par une voyelle ou une *h* muette : *cet homme, cet oiseau.*

(**) *Mon, ton, son*, au lieu de *ma, ta, sa*, devant les subst. fémin. qui commencent par une voyelle ou par une *h* muette : *mon âme, ton habileté.*

## Adjectifs numéraux.

Les adjectifs numéraux déterminent les substantifs en y ajoutant une idée de nombre ou d'ordre.

Il y a deux sortes d'adjectifs numéraux : les *cardinaux* et les *ordinaux*.

Les adjectifs numéraux cardinaux expriment la quantité, le nombre : *un, deux, trois*.

Les adjectifs numéraux ordinaux expriment le rang, l'ordre : *premier, second, troisième*.

## Adjectifs indéfinis.

Les adjectifs indéfinis déterminent les substantifs en y ajoutant une idée vague de nombre ou de qualité.

Les adjectifs indéfinis sont :

| | | |
|---|---|---|
| *Un* (*), *une*, | *autre*, | *plusieurs*, |
| *aucun, aucune*, | *certain, certaine*, | *tel, telle*, |
| *chaque*, | *maint, mainte*, | *tout, toute*. |
| *quelque*, | *même*, | |
| *quelconque*, | *nul, nulle*, | |

### FORMATION DU FÉMININ DANS LES ADJECTIFS (**).

On forme le féminin dans les adjectifs en ajoutant un *e* muet au masculin : *prudent, prudente; vrai, vraie; un, une*.

Exceptions :

1° Les adjectifs terminés au masculin par un *e* muet ne changent pas : *homme sévère, femme sévère; chaque arbre, chaque feuille*.

(*) *Un*, adjectif numéral card., signifie le nombre *un*, moitié de *deux*. *Un*, adjectif indéfini, signifie *certain, quelque*.

(**) Voir les deux premières règles de l'accord de l'adjectif, 2e partie.

2º Les adjectifs terminés par *f* changent *f* en *ve* : *homme craintif, femme craintive.*

3º Les adjectifs terminés en *eux* changent *x* en *se* : *homme malheureux, femme malheureuse.*

4º Les adjectifs terminés en *el, eil, en, et, on,* doublent leur dernière consonne avant de prendre l'*e* muet : *homme ancien, femme ancienne, etc.*

Mais, *complet, concret, discret, indiscret, inquiet, replet, secret,* ne doublent point leur dernière consonne.

*Fat, châtain, dispos, résous, partisan, artisan, vélin,* n'ont pas de féminin.

*Océane* n'a pas de masculin.

### FORMATION DU PLURIEL DANS LES ADJECTIFS.

Le pluriel des adjectifs se forme en ajoutant une *s* au singulier : *grand, grands; petite, petites.*

Exceptions :

1º Les adjectifs terminés au singulier par *s, x* ne changent pas au pluriel masculin : *homme heureux, hommes heureux ; mur épais, murs épais.*

2º Les adjectifs terminés au singulier masculin en *au* prennent *x* au pluriel : *beau jardin, beaux jardins.*

3º Les adjectifs terminés au singulier en *al* (*) font au pluriel *aux* : *ouvrage immoral, ouvrages immoraux.*

Mais, *final, fatal, glacial, jovial, amical, etc.,* font *finals, fatals, glacials.*

(*) Sur environ trois cents adjectifs terminés en *al* que possède notre langue, il y en a près de deux cent quatre-vingts qui font leur pluriel en *aux*, et tout au plus vingt qui le font en *als*.

# PRONOM.

Le *pronom* est un mot qu'on met à la place du substantif pour en rappeler l'idée et pour en éviter la répétition.

Le pronom tient la place du nom en le rappelant
simplement ou en y ajoutant une idée d'indication, de
possession, de relation ou de généralité; de là cinq
sortes de pronoms : les pronoms *personnels*, les pronoms *démonstratifs*, les pronoms *possessifs*, les pronoms *relatifs* et les pronoms *indéfinis*.

## Pronoms personnels.

Les pronoms personnels tiennent la place des substantifs en désignant plus particulièrement les personnes.

Il y a trois personnes : la *première* est celle qui
parle, la *deuxième* est celle à qui l'on parle et la *troisième* est celle de qui l'on parle.

Les pronoms personnels sont :

| 1re PERSONNE. | 2e PERSONNE. | 3e PERSONNE. | | |
|---|---|---|---|---|
| Des 2 genres. | Des 2 genres. | Masc. | Fém. | Des 2 genres. |
| *Je,* | *tu,* | *il,* | *elle,* | *lui,* |
| *Me,* | *te,* | *le* (*), | *la,* | *se,* |
| *Moi,* | *toi,* | *lui,* | *elles.* | *soi,* |
| *Nous.* | *vous.* | *ils,* | | *les,* |
| | | *eux.* | | *leurs* (**). |

(*) *Le, la, les,* articles, précèdent toujours un nom ou un pronom :
*le papier, les livres.*

*Le, la, les,* pronoms personnels, sont toujours joints à un verbe
comme régimes : *Ces livres sont les miens, rendez-les-moi*

(**) *Leur,* adject. possess., est toujours suivi d'un substantif, et prend
s au pluriel : *leur mère, leurs frères.*

*Leur,* pronom possessif, est toujours précédé de l'article, et prend
s au pluriel : *ce sont les leurs.*

*Leur,* pronom personnel, est toujours joint à un verbe comme régime
indirect, et ne prend pas s au pluriel : *il leur parla ainsi.*

## Pronoms démonstratifs.

Les pronoms démonstratifs tiennent la place des substantifs en y ajoutant une idée d'indication.

Les pronoms démonstratifs sont :

| SINGULIER. | | PLURIEL. | |
|---|---|---|---|
| Masc. | Fém. | Masc. | Fém. |
| Ce, ceci, cela (*), | celle, | ceux, | celles, |
| Celui, | celle-ci, | ceux-ci, | celles-ci, |
| Celui-ci, | celle-là. | ceux-là. | celles-là. |
| Celui-là. | | | |

## Pronoms possessifs.

Les pronoms possessifs tiennent la place des substantifs en y ajoutant une idée de possession.

Les pronoms possessifs sont :

| | SINGULIER. | | PLURIEL. | |
|---|---|---|---|---|
| | Masc. | Fém. | Masc. | Fém. |
| 1re P. | Le mien, | la mienne, | les miens, | les miennes. |
| 2e P. | Le tien, | la tienne, | les tiens, | les tiennes. |
| 3e P. | Le sien, | la sienne, | les siens, | les siennes. |
| 1re P. | Le nôtre (**), | la nôtre, | les nôtres, | les nôtres. |
| 2e P. | Le vôtre, | la vôtre, | les vôtres, | les vôtres. |
| 3e P. | Le leur, | la leur, | les leurs, | les leurs. |

## Pronoms relatifs.

Les pronoms relatifs ou conjonctifs tiennent la place des substantifs, en mettant en relation avec ces subs-

---

(*) Ce, adjectif démonstratif, est toujours suivi d'un substantif : ce livre.

Ce, pronom démonst., est joint au verbe être ou suivi de qui, que : c'est là ce que vous demandez.

(**) Notre, votre, adject. possess., sont toujours suivis d'un substantif : notre mère, votre frère.

Nôtre, vôtre, pronoms possess., sont toujours précédés de l'article et prennent un accent circonflexe : ce sont les vôtres.

tantifs des membres de phrase qui les expliquent ou les déterminent.

On appelle antécédent le nom ou le pronom auquel se rapporte le pronom relatif. Dans les interrogations l'antécédent est souvent sous-entendu et le pronom relatif s'appelle alors pronom *interrogatif.*

Les pronoms relatifs sont :

| Masc. Sing. | Fém. Sing. | Masc. Plur. | Fém. Plur. |
|---|---|---|---|
| *Quel,* | *quelle,* | *quels,* | *quelles,* |
| *Lequel,* | *laquelle,* | *lesquels,* | *lesquelles,* |
| *Duquel,* | *de laquelle,* | *desquels,* | *desquelles,* |
| *Auquel,* | *à laquelle,* | *auxquels,* | *auxquelles ;* |

et *qui, que, quoi, dont, en, y,* des deux genres et des deux nombres.

## Pronoms indéfinis.

Les pronoms indéfinis tiennent la place des substantifs en les désignant d'une manière vague et générale.

Les pronoms indéfinis sont :

| | |
|---|---|
| *On,* | *rien,* |
| *Quelqu'un, quelqu'une,* | *aucun* (*), *aucune,* |
| *Quiconque,* | *autre,* |
| *Chacun, chacune,* | *certain, certaine,* |
| *L'un, l'une,* | *nul, nulle,* |
| *L'autre,* | *plusieurs,* |
| *Autrui,* | *tel, telle,* |
| *Personne,* | *tout, toute,* etc. |

(*) *Aucun, certain, nul, plusieurs,* etc., pron. indéf., sont toujours joints à un verbe comme sujets ou régimes : *nul n'est arrivé, on en a vu plusieurs.*

*Aucun, certain, nul, plusieurs,* etc., adject. indéf., sont toujours suivis d'un substantif : *aucun chemin, plusieurs sentiers.*

# VERBE.

Le verbe est un mot qui sert à exprimer l'état ou l'action d'une personne ou d'une chose (*).

Il n'y a, à proprement parler, qu'un seul verbe, qui est le verbe *être*. Tous les autres peuvent se réduire à un participe présent et le verbe *être*; ainsi : *j'aime* est pour *je suis aimant; je finissais* pour *j'étais finissant*.

Le verbe *être* se nomme verbe *substantif* et les autres, verbes *attributifs*.

Il y a cinq sortes de verbes attributifs : le verbe *actif*, le verbe *passif*, le verbe *neutre*, le verbe *pronominal* et le verbe *unipersonnel*.

Le verbe *avoir* et le verbe *être* sont nommés verbes *auxiliaires* quand ils servent à conjuguer les autres.

Conjuguer un verbe, c'est réciter de suite les différents modes, les temps, les nombres et les personnes de ce verbe.

Tous les verbes suivent, à quelques modifications près, la conjugaison du verbe actif.

Il y a cinq modes : l'*indicatif*, le *conditionnel*, l'*impératif*, le *subjonctif* et l'*infinitif*.

On emploie :

L'*indicatif* quand on marque qu'une chose est faite, se fait ou se fera ;

Le *conditionnel* quand on marque qu'une chose serait faite ou se fera moyennant une condition ;

L'*impératif* quand on commande de la faire ;

(*) On reconnaît qu'un mot est verbe quand on peut mettre devant lui les pronoms *je, me, tu, il, nous,* etc. : *J'aime, tu finis, il rend.*

Le *subjonctif* quand on souhaite ou qu'on doute qu'elle se fasse ;

L'*infinitif* quand on exprime l'état ou l'action en général sans nombre ni personne.

L'indicatif, le conditionnel, l'impératif, le subjonctif sont appelés *modes personnels,* et l'infinitif est appelé *mode impersonnel.*

Il y a trois temps dans les verbes : le *présent,* le *passé* et le *futur.*

Le *présent,* si la chose est ou se fait actuellement.

Le *passé,* si la chose a été faite.

Le *futur,* si la chose doit se faire.

Comme une chose peut avoir été faite dans un temps plus ou moins éloigné, on distingue cinq sortes de passé : l'*imparfait,* le *passé défini,* le *passé indéfini,* le *passé antérieur* et le *plus-que-parfait.*

Comme encore une chose peut se faire dans un avenir plus ou moins prochain, on distingue deux sortes de. futur : le *futur simple* et le *futur antérieur.*

Le présent n'a qu'un temps, parce que tout ce qui n'est pas rigoureusement présent est passé ou futur.

Les temps qui sont exprimés par un seul mot sont appelés *temps simples,* et les temps qui sont exprimés par un participe passé et l'auxiliaire sont appelés *temps composés.*

Le verbe a trois personnes :

*Je, nous,* marquent la 1re personne.

*Tu, vous,* marquent la 2e personne.

*Il, elle; ils, elles,* marquent la 3e personne.

Le verbe a deux nombres ;

Le *singulier,* quand le sujet représente une seule personne ou une seule chose.

Le *pluriel,* quand le sujet représente plusieurs personnes ou plusieurs choses.

# VERBE AUXILIAIRE *AVOIR*.

## INDICATIF.

### PRÉSENT.

J'ai.
Tu as.
Il a.
Nous avons.
Vous avez.
Ils ont.

### PARFAIT ANTÉRIEUR.

J'eus eu.
Tu eus eu.
Il eut eu.
Nous eûmes eu.
Vous eûtes eu.
Ils eurent eu.

### IMPARFAIT.

J'avais.
Tu avais.
Il avait.
Nous avions.
Vous aviez.
Ils avaient.

### PLUS-QUE-PARFAIT.

J'avais eu.
Tu avais eu.
Il avait eu.
Nous avions eu.
Vous aviez eu.
Ils avaient eu.

### PARFAIT DÉFINI.

J'eus.
Tu eus.
Il eut.
Nous eûmes.
Vous eûtes.
Ils eurent.

### FUTUR.

J'aurai.
Tu auras.
Il aura.
Nous aurons.
Vous aurez.
Ils auront.

### PARFAIT INDÉFINI.

J'ai eu.
Tu as eu.
Il a eu.
Nous avons eu.
Vous avez eu.
Ils ont eu.

### FUTUR PASSÉ.

J'aurai eu.
Tu auras eu.
Il aura eu.
Nous aurons eu.
Vous aurez eu.
Ils auront eu.

## CONDITIONNEL.

### PRÉSENT.

J'aurais.
Tu aurais.
Il aurait.
Nous aurions.
Vous auriez.
Ils auraient.

### PASSÉ.

J'aurais eu (*).
Tu aurais eu.
Il aurait eu.
Nous aurions eu.
Vous auriez eu.
Ils auraient eu.

## IMPÉRATIF.

Aie.     Ayons.     Ayez.

(*) *On dit aussi :* J'eusse eu, tu eusses eu, il eût eu, etc.

## SUBJONCTIF.

**PRÉSENT OU FUTUR.**

Que j'aie.
Que tu aies.
Qu'il ait.
Que nous ayons.
Que vous ayez.
Qu'ils aient.

**PARFAIT.**

Que j'aie eu.
Que tu aies eu.
Qu'il ait eu.
Que nous ayons eu.
Que vous ayez eu.
Qu'ils aient eu.

**IMPARFAIT.**

Que j'eusse.
Que tu eusses.
Qu'il eût.
Que nous eussions.
Que vous eussiez.
Qu'ils eussent.

**PLUS-QUE-PARFAIT.**

Que j'eusse eu.
Que tu eusses eu.
Qu'il eût eu.
Que nous eussions eu.
Que vous eussiez eu.
Qu'ils eussent eu.

## INFINITIF.

**PRÉSENT.**

Avoir.

**PARFAIT.**

Avoir eu.

## PARTICIPE

**PRÉSENT.**

Ayant.

**PASSÉ.**

Eu, ayant eu.

# VERBE AUXILIAIRE *ÊTRE*

## INDICATIF.

**PRÉSENT.**

Je suis.
Tu es.
Il est.
Nous sommes.
Vous êtes.
Ils sont.

**PARFAIT DÉFINI.**

Je fus.
Tu fus.
Il fut.
Nous fûmes.
Vous fûtes.
Ils furent.

**IMPARFAIT.**

J'étais.
Tu étais.
Il était.
Nous étions.
Vous étiez.
Ils étaient.

**PARFAIT INDÉFINI.**

J'ai été.
Tu as été.
Il a été.
Nous avons été.
Vous avez été.
Ils ont été.

| PARFAIT ANTÉRIEUR. | FUTUR. |
|---|---|
| J'eus été. | Je serai. |
| Tu eus été | Tu seras. |
| Il eut été. | Il sera. |
| Nous eûmes été | Nous serons. |
| Vous eûtes été. | Vous serez. |
| Ils eurent été. | Ils seront. |

| PLUS-QUE-PARFAIT. | FUTUR PASSÉ. |
|---|---|
| J'avais été. | J'aurai été. |
| Tu avais été. | Tu auras été. |
| Il avait été. | Il aura été. |
| Nous avions été. | Nous aurons été. |
| Vous aviez été. | Vous aurez été. |
| Ils avaient été. | Ils auront été. |

## CONDITIONNEL

| PRÉSENT. | PASSÉ. |
|---|---|
| Je serais | J'aurais été (*). |
| Tu serais. | Tu aurais été. |
| Il serait. | Il aurait été. |
| Nous serions. | Nous aurions été. |
| Vous seriez. | Vous auriez été. |
| Ils seraient. | Ils auraient été. |

## IMPÉRATIF.

Sois.     Soyons.     Soyez.

## SUBJONCTIF.

| PRESENT OU FUTUR. | PARFAIT. |
|---|---|
| Que je sois. | Que j'aie été. |
| Que tu sois. | Que tu aies été. |
| Qu'il soit. | Qu'il ait été. |
| Que nous soyons. | Que nous ayons été. |
| Que vous soyez. | Que vous ayez été. |
| Qu'ils soient. | Qu'ils aient été. |

| IMPARFAIT. | PLUS-QUE-PARFAIT. |
|---|---|
| Que je fusse. | Que j'eusse été. |
| Que tu fusses. | Que tu eusses été. |
| Qu'il fût. | Qu'il eût été. |
| Que nous fussions. | Que nous eussions été. |
| Que vous fussiez. | Que vous eussiez été. |
| Qu'ils fussent. | Qu'ils eussent été. |

(*) *On dit aussi* : J'eusse été, tu eusses été, il eût été, nous eussions été, v eussiez été, etc.

PARFAIT.

Que j'aie aimé.
Que tu aies aimé.
Qu'il ait aimé.
Que nous ayons aimé.
Que vous ayez aimé.
Qu'ils aient aimé.

PLUS-QUE-PARFAIT.

Que j'eusse aimé.
Que tu eusses aimé.
Qu'il eût aimé.
Que nous eussions aimé.
Que vous eussiez aimé.
Qu'ils eussent aimé.

## INFINITIF.

PRÉSENT.

Aimer.

PARFAIT.

Avoir aimé.

## PARTICIPE.

PRÉSENT.

Aimant,

PASSÉ.

Aimé, ayant aimé.

# DEUXIÈME CONJUGAISON EN IR.

## INDICATIF.

PRÉSENT.

Je finis.
Tu finis.
Il finit.
Nous finissons.
Vous finissez.
Ils finissent.

PARFAIT ANTÉRIEUR.

J'eus fini.
Tu eus fini.
Il eut fini.
Nous eûmes fini.
Vous eûtes fini.
Ils eurent fini.

IMPARFAIT.

Je finissais.
Tu finissais.
Il finissait.
Nous finissions.
Vous finissiez.
Ils finisssaient.

PLUS-QUE-PARFAIT.

J'avais fini.
Tu avais fini.
Il avait fini.
Nous avions fini.
Vous aviez fini.
Ils avaient fini.

PARFAIT DÉFINI.

Je finis.
Tu finis.
Il finit.
Nous finîmes.
Vous finîtes.
Ils finirent.

FUTUR.

Je finirai.
Tu finiras.
Il finira.
Nous finirons.
Vous finirez.
Ils finiront.

PARFAIT INDÉFINI.

J'ai fini.
Tu as fini.
Il a fini.
Nous avons fini.
Vous avez fini.
Ils ont fini.

FUTUR PASSÉ.

J'aurai fini.
Tu auras fini.
Il aura fini.
Nous aurons fini.
Vous aurez fini.
Ils auront fini.

## CONDITIONNEL.

PRÉSENT.

Je finirais.
Tu finirais.
Il finirait.
Nous finirions.
Vous finiriez.
Ils finiraient.

PASSÉ.

J'aurais fini (*).
Tu aurais fini.
Il aurait fini.
Nous aurions fini.
Vous auriez fini.
Ils auraient fini.

## IMPÉRATIF.

Finis.   Finissons.   Finissez.

## SUBJONCTIF.

PRÉSENT OU FUTUR.

Que je finisse.
Que tu finisses.
Qu'il finisse.
Que nous finissions.
Que vous finissiez.
Qu'ils finissent.

PASSÉ.

Que j'aie fini.
Que tu aies fini.
Qu'il ait fini.
Que nous ayons fini.
Que vous ayez fini.
Qu'ils aient fini.

IMPARFAIT.

Que je finisse.
Que tu finisses.
Qu'il finît.
Que nous finissions.
Que vous finissiez.
Qu'ils finissent.

PLUS-QUE-PARFAIT.

Que j'eusse fini.
Que tu eusses fini.
Qu'il eût fini.
Que nous eussions fini.
Que vous eussiez fini.
Qu'ils eussent fini.

## INFINITIF.

PRÉSENT.

Finir.

PARFAIT.

Avoir fini.

## PARTICIPE.

PRÉSENT.

Finissant.

PASSÉ.

Fini, ayant fini.

# TROISIÈME CONJUGAISON EN OIR.

## INDICATIF.

PRÉSENT.

Je reçois.
Tu reçois.
Il reçoit.
Nous recevons.
Vous recevez.
Ils reçoivent.

IMPARFAIT.

Je recevais.
Tu recevais.
Il recevait.
Nous recevions.
Vous receviez.
Ils recevaient.

(*) *On dit aussi :* J'eusse fini, tu eusses fini, il eût fini, etc.

### PARFAIT DÉFINI.

Je reçus.
Tu reçus.
Il reçut.
Nous reçûmes.
Vous reçûtes.
Ils reçurent.

### PLUS-QUE-PARFAIT.

J'avais reçu.
Tu avais reçu.
Il avait reçu.
Nous avions reçu.
Vous aviez reçu.
Ils avaient reçu.

### PARFAIT INDÉFINI.

J'ai reçu.
Tu as reçu.
Il a reçu.
Nous avons reçu.
Vous avez reçu.
Ils ont reçu.

### FUTUR.

Je recevrai.
Tu recevras.
Il recevra.
Nous recevrons.
Vous recevrez.
Ils recevront.

### PARFAIT ANTÉRIEUR.

J'eus reçu.
Tu eus reçu.
Il eut reçu.
Nous eûmes reçu.
Vous eûtes reçu.
Ils eurent reçu.

### FUTUR PASSÉ.

J'aurai reçu.
Tu auras reçu.
Il aura reçu.
Nous aurons reçu.
Vous aurez reçu.
Ils auront reçu.

## CONDITIONNEL.

### PRÉSENT.

Je recevrais.
Tu recevrais.
Il recevrait.
Nous recevrions.
Vous recevriez.
Ils recevraient.

### PASSÉ.

J'aurais reçu (*).
Tu aurais reçu.
Il aurait reçu.
Nous aurions reçu.
Vous auriez reçu.
Ils auraient reçu.

## IMPÉRATIF.

Reçois.  Recevons.  Recevez.

## SUBJONCTIF.

### PRÉSENT OU FUTUR.

Que je reçoive.
Que tu reçoives.
Qu'il reçoive.
Que nous recevions.
Que vous receviez.
Qu'ils reçoivent.

### IMPARFAIT.

Que je reçusse.
Que tu reçusses.
Qu'il reçût.
Que nous reçussions.
Que vous reçussiez.
Qu'ils reçussent.

(*) *On dit aussi :* J'eusse reçu, tu eusses reçu, il eût reçu, etc.

#### PASSÉ.

Que j'aie reçu.
Uue tu aies reçu.
Qu'il ait reçu.
Que nous ayons reçu.
Que vous ayez reçu.
Qu'ils aient reçu.

#### PLUS-QUE-PARFAIT.

Que j'eusse reçu.
Que tu eusses reçu.
Qu'il eût reçu.
Que nous eussions reçu.
Que vous eussiez reçu.
Qu'ils eussent reçu.

## INFINITIF.

#### PRÉSENT.

Recevoir.

#### PARFAIT.

Avoir reçu.

## PARTICIPE.

#### PRÉSENT.

Recevant.

#### PASSÉ.

Reçu, ayant reçu.

# QUATRIÈME CONJUGAISON EN RE.

## INDICATIF.

#### PRÉSENT.

Je rends.
Tu rends.
Il rend.
Nous rendons.
Vous rendez.
Ils rendent.

#### PARFAIT ANTÉRIEUR.

J'eus rendu.
Tu eus rendu.
Il eut rendu
Nous eûmes rendu.
Vous eûtes rendu.
Ils eurent rendu.

#### IMPARFAIT.

Je rendais.
Tu rendais.
Il rendait.
Nous rendions.
Vous rendiez.
Ils rendaient.

#### PLUS-QUE-PARFAIT.

J'avais rendu.
Tu avais rendu.
Il avait rendu.
Nous avions rendu.
Vous aviez rendu.
Ils avaient rendu.

#### PARFAIT DÉFINI.

Je rendis.
Tu rendis.
Il rendit.
Nous rendîmes.
Vous rendîtes.
Ils rendirent.

#### FUTUR.

Je rendrai.
Tu rendras.
Il rendra.
Nous rendrons.
Vous rendrez.
Ils rendront.

#### PARFAIT INDÉFINI.

J'ai rendu.
Tu as rendu.
Il a rendu.
Nous avons rendu.
Vous avez rendu.
Ils ont rendu.

#### FUTUR PASSÉ.

J'aurai rendu.
Tu auras rendu.
Il aura rendu.
Nous aurons rendu.
Vous aurez rendu.
Ils auront rendu.

## CONDITIONNEL.

PRÉSENT.

Je rendrais.
Tu rendrais.
Il rendrait.
Nous rendrions.
Vous rendriez.
Ils rendraient.

PASSÉ.

J'aurais rendu (*).
Tu aurais rendu.
Il aurait rendu.
Nous aurions rendu.
Vous auriez rendu.
Ils auraient rendu.

## IMPÉRATIF.

Rends.   Rendons.   Rendez.

## SUBJONCTIF.

PRÉSENT OU FUTUR.

Que je rende.
Que tu rendes.
Qu'il rende.
Que nous rendions.
Que vous rendiez.
Qu'ils rendent.

PASSÉ.

Que j'aie rendu.
Que tu aies rendu.
Qu'il ait rendu.
Que nous ayons rendu.
Que vous ayez rendu.
Qu'ils aient rendu.

IMPARFAIT.

Que je rendisse.
Que tu rendisses.
Qu'il rendît.
Que nous rendissions.
Que vous rendissiez.
Qu'ils rendissent.

PLUS-QUE-PARFAIT.

Que j'eusse rendu.
Que tu eusses rendu.
Qu'il eût rendu.
Que nous eussions rendu.
Que vous eussiez rendu.
Qu'ils eussent rendu.

## INFINITIF.

PRÉSENT.

Rendre.

PARFAIT.

Avoir rendu.

## PARTICIPE.

PRÉSENT.

Rendant.

PASSÉ.

Rendu, ayant rendu.

## Temps primitifs.

On appelle temps primitifs ceux qui servent à former les autres, et temps dérivés ceux qui se forment des temps primitifs.

Il y a cinq temps primitifs : le *présent de l'infinitif*, le *participe présent*, le *participe passé*, le *présent de l'indicatif* et le *passé défini*.

## Tableau des temps primitifs.

### 1re *Conjugaison.*

| | | | | |
|---|---|---|---|---|
| Aimer, | aimant, | aimé, | j'aime, | j'aimai. |

### 2e *Conjugaison.*

| | | | | |
|---|---|---|---|---|
| Finir, | finissant, | fini, | je finis, | je finis. |
| Sentir, | sentant, | senti, | je sens, | je sentis. |
| Ouvrir, | ouvrant, | ouvert, | j'ouvre, | j'ouvris. |
| Tenir, | tenant, | tenu, | je tiens, | je tins. |

### 3e *Conjugaison.*

| | | | | |
|---|---|---|---|---|
| Recevoir, | recevant, | reçu, | je reçois, | je reçus. |

### 4e *Conjugaison.*

| | | | | |
|---|---|---|---|---|
| Conduire, | conduisant, | conduit, | je conduis, | je conduisis. |
| Rendre, | rendant, | rendu, | je rends, | je rendis. |
| Plaindre, | plaignant, | plaint, | je plains, | je plaignis. |
| Paraître, | paraissant, | paru, | je parais, | je parus. |

## Formation des temps dérivés.

Le *présent de l'infinitif* forme deux temps :

1° Le futur de l'indicatif en changeant *r, oir* ou *re* en *rai* : aimer, j'aimerai; finir, je finirai, etc.;

2° Le conditionnel présent en changeant *r, oir* ou *re* en *rais* : aimer, j'aimerais; finir, je finirais, etc.

Le *Participe présent* forme trois temps :

1° Les trois personnes du pluriel du présent de l'indicatif en changeant *ant* en *ons, ez, ent* : aimant, *nous aimons, vous aimez, ils aiment*; et pour la troisième personne plurielle des verbes de la troisième conjugaison, *evant* en *oivent* : *recevant, ils reçoivent.*

2° L'imparfait de l'indicatif en changeant *ant* en *ais* : *aimant, j'aimais; finissant, je finissais*, etc.;

3° Le présent du subjonctif en changeant *ant* en *e* : *aimant, que j'aime; finissant, que je finisse*; et *evant* en *oive* pour la troisième conjugaison : *recevant, que je reçoive.*

Le *participe passé* forme tous les temps composés à l'aide de l'auxiliaire *avoir* ou de l'auxiliaire *être* : *j'ai aimé, j'avais fini, j'eus rendu.*

Le *présent de l'indicatif* forme l'impératif en retranchant les pronoms *je, nous, vous* : *j'aime, aime; nous finissons, finissons,* etc.

Le *parfait défini* forme l'imparfait du subjonctif en changeant *ai* en *asse* pour la première conjugaison, et en ajoutant *se* pour les trois autres : *j'aimai, que j'aimasse; je finis, que je finisse,* etc.

## VERBE PASSIF.

Le verbe passif est celui qui exprime une action soufferte par le sujet et faite par le complément indirect (*).

Les verbes passifs, excepté *être obéi*, ont tous un actif.

Il n'y a qu'une seule conjugaison pour tous les verbes passifs, et elle se fait en ajoutant à tous les temps de l'auxiliaire *être* le participe passé du verbe qu'on veut conjuguer.

### Modèle de conjugaison du verbe passif.

INDICATIF.

PRÉSENT.

Je suis aimé.
Tu es aimé.
Il est aimé.
Nous sommes aimés.
Vous êtes aimés.
Ils sont aimés.

IMPARFAIT.

J'étais aimé.
Tu étais aimé.
Il était aimé.
Nous étions aimés.
Vous étiez aimés.
Ils étaient aimés.

PARFAIT DÉFINI.

Je fus aimé.
Tu fus aimé.
Il fut aimé.
Nous fûmes aimés.
Vous fûtes aimés.
Ils furent aimés.

PARFAIT INDÉFINI.

J'ai été aimé.
Tu as été aimé.
Il a été aimé.
Nous avons été aimés.
Vous avez été aimés.
Ils ont été aimés.

(*) On reconnaît qu'un verbe est passif quand il est conjugué avec l'auxiliaire *être*, et qu'il a un actif.

2.

PARFAIT ANTÉRIEUR.

J'eus été aimé.
Tu eus été aimé.
Il eut été aimé.
Nous eûmes été aimés.
Vous eûtes été aimés.
Ils eurent été aimés.

PLUS-QUE-PARFAIT.

J'avais été aimé.
Tu avais été aimé.
Il avait été aimé.
Nous avions été aimés.
Vous aviez été aimés.
Ils avaient été aimés.

FUTUR.

Je serai aimé.
Tu seras aimé.
Il sera aimé.
Nous serons aimés.
Vous serez aimés.
Ils seront aimés.

FUTUR PASSÉ.

J'aurai été aimé.
Tu auras été aimé.
Il aura été aimé.
Nous aurons été aimés.
Vous aurez été aimés.
Ils auront été aimés.

## CONDITIONNEL.

PRÉSENT.

Je serais aimé.
Tu serais aimé.
Il serait aimé.
Nous serions aimés.
Vous seriez aimés.
Ils seraient aimés.

PASSÉ.

J'aurais été aimé (*).
Tu aurais été aimé.
Il aurait été aimé.
Nous aurions été aimés.
Vous auriez été aimés.
Ils auraient été aimés.

## IMPÉRATIF.

Sois aimé.        Soyons aimés.        Soyez aimés.

## SUBJONCTIF.

PRÉSENT OU FUTUR.

Que je sois aimé.
Que tu sois aimé.
Qu'il soit aimé.
Que nous soyons aimés.
Que vous soyez aimés.
Qu'ils soient aimés.

PARFAIT.

Que j'aie été aimé.
Que tu aies été aimé.
Qu'il ait été aimé.
Que nous ayons été aimés.
Que vous ayez été aimés.
Qu'ils aient été aimés.

IMPARFAIT.

Que je fusse aimé.
Que tu fusses aimé.
Qu'il fût aimé.
Que nous fussions aimés.
Que vous fussiez aimés.
Qu'ils fussent aimés.

PLUS-QUE-PARFAIT.

Que j'eusse été aimé.
Que tu eusses été aimé.
Qu'il eût été aimé.
Que nous eussions été aimés.
Que vous eussiez été aimés.
Qu'ils eussent été aimés.

## INFINITIF.

PRÉSENT.

Être aimé.

PARFAIT.

Avoir été aimé.

## PARTICIPE.

PRÉSENT.

Étant aimé.

PASSÉ.

Aimé, ayant été aimé.

(*) *On dit aussi :* J'eusse été aimé, tu eusses été aimé, il eût été aimé, etc.

## VERBE NEUTRE.

Le verbe neutre est celui qui exprime une action faite par le sujet, mais qui ne peut avoir de complément direct (*).

Les verbes neutres se conjuguent comme les verbes actifs; mais quelques-uns prennent l'auxiliaire *être* dans les temps composés.

## Modèle de conjugaison du verbe neutre.

### INDICATIF

PRÉSENT.

Je tombe.
Tu tombes.
Il tombe.
Nous tombons.
Vous tombez.
Ils tombent.

PARFAIT ANTÉRIEUR.

Je fus tombé.
Tu fus tombé.
Il fut tombé.
Nous fûmes tombés.
Vous fûtes tombés.
Ils furent tombés.

IMPARFAIT.

Je tombais.
Tu tombais.
Il tombait.
Nous tombions.
Vous tombiez.
Ils tombaient.

PLUS-QUE-PARFAIT.

J'étais tombé.
Tu étais tombé.
Il était tombé.
Nous étions tombés.
Vous étiez tombés.
Ils étaient tombés.

PARFAIT DÉFINI.

Je tombai.
Tu tombas.
Il tomba.
Nous tombâmes.
Vous tombâtes.
Ils tombèrent.

FUTUR.

Je tomberai.
Tu tomberas.
Il tombera.
Nous tomberons.
Vous tomberez.
Ils tomberont.

PARFAIT INDÉFINI.

Je suis tombé.
Tu es tombé.
Il est tombé.
Nous sommes tombés.
Vous êtes tombés.
Ils sont tombés.

FUTUR PASSÉ.

Je serai tombé.
Tu seras tombé.
Il sera tombé.
Nous serons tombés.
Vous serez tombés.
Ils seront tombés.

(*) On reconnaît qu'un verbe est neutre quand on ne peut pas mettre après lui *quelqu'un* ni *quelque chose*. Ainsi, *donner, trembler,* sont des verbes neutres, parce qu'on ne peut pas dire : *donner quelqu'un, donner quelque chose ; trembler quelqu'un, trembler quelque chose.*

## CONDITIONNEL.

| PRÉSENT. | PASSÉ. |
|---|---|
| Je tomberais. | Je serais tombé (*). |
| Tu tomberais. | Tu serais tombé. |
| Il tomberait. | Il serait tombé. |
| Nous tomberions. | Nous serions tombés. |
| Vous tomberiez. | Vous seriez tombés. |
| Ils tomberaient. | Ils seraient tombés. |

## IMPÉRATIF

Tombe.     Tombons.     Tombez.

## SUBJONCTIF.

| PRÉSENT OU FUTUR. | PARFAIT. |
|---|---|
| Que je tombe. | Que je sois tombé |
| Que tu tombes. | Que tu sois tombé. |
| Qu'il tombe. | Qu'il soit tombé. |
| Que nous tombions. | Que nous soyons tombés. |
| Que vous tombiez. | Que vous soyez tombés. |
| Qu'ils tombent. | Qu'ils soient tombés. |

| IMPARFAIT. | PLUS-QUE-PARFAIT. |
|---|---|
| Que je tombasse. | Que je fusse tombé. |
| Que tu tombasses. | Que tu fusses tombé. |
| Qu'il tombât. | Qu'il fût tombé. |
| Que nous tombassions. | Que nous fussions tombés. |
| Que vous tombassiez. | Que vous fussiez tombés. |
| Qu'ils tombassent. | Qu'ils fussent tombés. |

## INFINITIF.

| PRÉSENT. | PARFAIT. |
|---|---|
| Tomber. | Être tombé. |

## PARTICIPE.

| PRÉSENT. | PASSÉ. |
|---|---|
| Tombant. | Tombé, étant tombé. |

# VERBE PRONOMINAL.

Le verbe pronominal est celui qui se conjugue avec deux pronoms de la même personne.

Il y a deux sortes de verbes pronominaux : *le verbe essentiellement pronominal* et *le verbe accidentellement pronominal.*

(*) *On dit aussi :* Je fusse tombé, tu fusses tombé, il fût tombé, etc.

Le verbe essentiellement pronominal est celui qui se conjugue avec deux pronoms de la même personne et qui ne peut se conjuguer avec un seul pronom : *se repentir, se soucier.*

Le verbe accidentellement pronominal est celui qui se conjugue avec deux pronoms de la même personne, mais qui peut se conjuguer avec un seul pronom : *se flatter, se plaindre.*

Les verbes pronominaux se conjuguent comme les verbes actifs, mais aux temps composés ils prennent l'auxiliaire *être.*

## Modèle de conjug. du verbe pronominal.

### INDICATIF.

#### PRÉSENT.

Je me flatte.
Tu te flattes.
Il se flatte.
Nous nous flattons.
Vous vous flattez.
Ils se flattent.

#### IMPARFAIT.

Je me flattais.
Tu te flattais.
Il se flattait.
Nous nous flattions.
Vous vous flattiez.
Ils se flattaient.

#### PARFAIT DÉFINI.

Je me flattai.
Tu te flattas.
Il se flatta.
Nous nous flattâmes.
Vous vous flattâtes.
Ils se flattèrent.

#### PARFAIT INDÉFINI.

Je me suis flatté.
Tu t'es flatté.
Il s'est flatté.
Nous nous sommes flattés.
Vous vous êtes flattés.
Ils se sont flattés.

#### PARFAIT ANTÉRIEUR.

Je me fus flatté.
Tu te fus flatté.
Il se fut flatté.
Nous nous fûmes flattés.
Vous vous fûtes flattés.
Ils se furent flattés.

#### PLUS-QUE-PARFAIT.

Je m'étais flatté.
Tu t'étais flatté.
Il s'était flatté.
Nous nous étions flattés.
Vous vous étiez flattés.
Ils s'étaient flattés.

#### FUTUR.

Je me flatterai.
Tu te flatteras.
Il se flattera.
Nous nous flatterons.
Vous vous flatterez.
Ils se flatteront.

#### FUTUR PASSÉ.

Je me serai flatté.
Tu te seras flatté.
Il se sera flatté.
Nous nous serons flattés.
Vous vous serez flattés.
Ils se seront flattés.

## CONDITIONNEL.

| PRÉSENT. | PASSÉ. |
|---|---|
| Je me flatterais. | Je me serais flatté (*). |
| Tu te flatterais. | Tu te serais flatté. |
| Il se flatterait. | Il se serait flatté. |
| Nous nous flatterions. | Nous nous serions flattés. |
| Vous vous flatteriez. | Vous vous seriez flattés. |
| Ils se flatteraient. | Ils se seraient flattés. |

## IMPÉRATIF.

Flatte-toi.  Flattons-nous.  Flattez-vous.

## SUBJONCTIF.

| PRÉSENT OU FUTUR. | PARFAIT. |
|---|---|
| Que je me flatte. | Que je me sois flatté. |
| Que tu te flattes. | Que tu te sois flatté. |
| Qu'il se flatte. | Qu'il se soit flatté. |
| Que nous nous flattions. | Que nous nous soyons flattés. |
| Que vous vous flattiez. | Que vous vous soyez flattés. |
| Qu'ils se flattent. | Qu'ils se soient flattés. |

| IMPARFAIT. | PLUS-QUE-PARFAIT. |
|---|---|
| Que je me flatasse. | Que je me fusse flatté. |
| Que tu te flattasse. | Que tu te fusses flatté. |
| Qu'il se flattât. | Qu'il se fût flatté. |
| Que nous nous flattassions. | Que nous nous fussions flattés. |
| Que vous vous flattassiez. | Que vous vous fussiez flattés. |
| Qu'ils se flattassent. | Qu'ils se fussent flattés. |

## INFINITIF.

| PRÉSENT. | PARFAIT. |
|---|---|
| Se flatter. | S'être flatté. |

## PARTICIPE.

| PRÉSENT. | PASSÉ. |
|---|---|
| Se flattant. | S'étant flatté. |

## VERBE UNIPERSONNEL.

Le verbe unipersonnel ou impersonnel est celui qui ne s'emploie, dans tous les temps, qu'à la troisième personne du singulier : *il pleut, il neige, il tonne* (**).

(*) *On dit aussi :* Je me fusse flatté, tu te fusses flatté, etc.

(**) On reconnaît qu'un verbe est unipersonnel quand le pronom *il* ne se rapporte à rien dans la phrase.

·Les verbes unipersonnels sont les uns essentiellement unipersonnels, comme *il faut*, *il importe;* les autres accidentellement unipersonnels, comme *il est arrivé de grands malheurs, il s'est fait un grand silence,* etc.

## Modèle de conjug. du verbe unipersonnel.

### INDICATIF.

| PRÉSENT. | PARFAIT ANTÉRIEUR. |
|---|---|
| Il tonne. | Il eut tonné. |

| IMPARFAIT. | PLUS-QUE-PARFAIT. |
|---|---|
| Il tonnait. | Il avait tonné. |

| PARFAIT DÉFINI. | FUTUR. |
|---|---|
| Il tonna. | Il tonnera. |

| PARFAIT INDÉFINI. | FUTUR PASSÉ. |
|---|---|
| Il a tonné. | Il aura tonné. |

### CONDITIONNEL.

| PRÉSENT. | PASSÉ. |
|---|---|
| Il tonnerait. | Il aurait tonné (*). |

### SUBJONCTIF.

| PRÉSENT OU FUTUR. | PARFAIT. |
|---|---|
| Qu'il tonne. | Qu'il ait tonné. |

| IMPARFAIT. | PLUS-QUE-PARFAIT. |
|---|---|
| Qu'il tonnât. | Qu'il eût tonné. |

### INFINITIF.

| PRÉSENT. | PARFAIT. |
|---|---|
| Tonner. | Avoir tonné. |

(*) *On dit aussi :* Il eût tonné.

# PARTICIPE.

Le participe est un mot qui tient du verbe et de l'adjectif : du verbe, en ce qu'il en a la signification et le régime ; de l'adjectif, en ce qu'il qualifie le substantif et s'accorde en genre et en nombre.

Il y a deux sortes de participes : le *participe présent* et le *participe passé*.

Le participe présent est toujours terminé en *ant* et toujours invariable : *aimant, finissant, recevant.*

Le participe passé a diverses terminaisons et s'accorde en genre et en nombre avec le mot auquel il se rapporte : *aimé, fini, reçu.*

# ADVERBE.

L'adverbe est un mot qui sert à modifier un verbe, un adjectif ou un autre adverbe.

Les adverbes les plus usités sont :

| | |
|---|---|
| *Ailleurs,* | *Autrefois,* |
| *ainsi* (sign. *de cette manière*), | *autrement,* |
| *alentour,* | *beaucoup,* |
| *alors,* | *bien,* |
| *assez,* | *bientôt,* |
| *assurément,* | *cependant* (sign. *pendant cela*), |
| *au-delà,* | *certes,* |
| *aujourd'hui,* | *combien,* |
| *auparavant,* | *comment,* |
| *autant,* | *d'abord,* |

| | |
|---|---|
| D'ailleurs, | Nullement, |
| davantage, | où, |
| dedans, | oui, |
| dehors, | parfois, |
| déjà, | partout, |
| désormais, | peut-être, |
| dessus, | pis, |
| dessous, | plus, |
| dorénavant, | plutôt, |
| encore, | pourquoi, |
| enfin, | pourtant |
| ensemble, | presque, |
| ensuite, | puis, |
| fort, | quand, |
| guère, | quasi, |
| hier, | soudain, |
| ici, | souvent, |
| jadis, | surtout, |
| jamais, | tant, |
| là (*), | tantôt, |
| loin, | tard, |
| mieux, | tellement, |
| moins, | tôt, |
| naguère, | toujours, |
| ne, | toutefois, |
| néanmoins, | très, |
| non, | trop; |

et les adverbes formés d'adjectifs, comme : *sagement, poliment, agréablement,* etc.

Plusieurs adverbes ont, comme les adjectifs qualificatifs, trois degrés de signification : *souvent, volontiers, sagement; plus souvent, très souvent; plus volontiers, très volontiers,* etc.

(*) *Là,* adverbe, signifie *dans cet endroit,* et prend l'accent grave. V. p. 17, note *.

*Mieux* et *pis*, au lieu de *plus bien* et *plus mal*, expriment seuls une comparaison.

On appelle locution adverbiale une réunion de mots qui remplissent la fonction d'un adverbe : *avant-hier*, *à dessein*, *sur-le-champ*, *tout-à-coup*, *à contre-temps*, *mal à propros*, *à l'avenir*, *sans cesse*, *à l'improviste*, etc.

# PRÉPOSITION.

La préposition est un mot qui sert à marquer le rapport qui existe entre deux ou plusieurs mots.

Les prépositions les plus usitées sont :

| | |
|---|---|
| *à,* | *en* (*), |
| *après,* | *entre,* |
| *attenant,* | *envers,* |
| *attendu,* | *excepté,* |
| *avant,* | *hormis,* |
| *avec,* | *hors,* |
| *chez,* | *joignant,* |
| *concernant,* | *malgré,* |
| *contre,* | *moyennant,* |
| *dans,* | *nonobstant,* |
| *de,* | *outre,* |
| *depuis,* | *par,* |
| *derrière,* | *parmi,* |
| *dès,* | *pendant,* |
| *devant,* | *pour,* |
| *devers,* | *proche,* |
| *durant,* | *près,* |

(*) *En*, préposition, signifie *dans*.
*En*, pronom, signifie *de lui, d'elle, d'eux, de cela.*

| | |
|---|---|
| *sans,* | *sur,* |
| *sauf,* | *touchant,* |
| *selon,* | *vers,* |
| *sous,* | *voici,* |
| *suivant,* | *voilà,* |
| *supposé,* | *vu.* |

On appelle locution prépositive une réunion de mots qui remplissent la fonction d'une préposition : *en faveur de, eu égard à, vis-à-vis de, en face de, non loin de, tout près de,* etc.

# CONJONCTION.

La conjonction est un mot qui sert à joindre les mots et les membres de phrase entr'eux.

Les conjonctions les plus usitées sont :

| | |
|---|---|
| *Ainsi* (sign. *par conséquent*), | *or,* |
| *aussi* (sign. *c'est pourquoi*), | *ou* (*), |
| *car,* | *pourquoi,* |
| *cependant,* | *puisque,* |
| *comme,* | *quand* (**), |
| *donc,* | *que* (***), |
| *et,* | *quoique,* |
| *lorsque,* | *si,* |
| *mais,* | *sinon,* |
| *ni,* | |

(*) *Où,* adverbe, signifie *là, dans cet endroit.*
*Ou,* conjonction, signifie *ou bien.*

(**) *Quand,* conjonction, signifie *lorsque, à quelle époque ?*
*Quant,* préposition, signifie *à l'égard de, pour.*

(***) *Que,* pronom, signifie *lequel, laquelle, quelle chose.*
*Que* est conjonction dans les autres cas.

On appelle locution conjonctive une réunion de mots qui remplissent la fonction d'une conjonction : *soit que, sans que, outre que, parce que, vu que, de peur que, tandis que, pourvu que, non pas que, avant que, si ce n'est que, jusqu'à ce que, de crainte que, à moins que, supposé que*, etc.

# INTERJECTION.

L'interjection est un mot qui sert à exprimer les mouvements subits et les émotions vives de l'âme.

Les interjections les plus usitées sont :

| | |
|---|---|
| *Ah! bon!* | pour marquer la joie |
| *ah! hélas! aïe!* | pour marquer la douleur |
| *ha! ho! eh!* | pour marquer la surprise |
| *ah! oh!* | pour marquer l'admiration |
| *fi! fi donc!* | pour marquer l'aversion |
| *hola! hé!* | pour appeler |
| *chut! paix!* | pour imposer silence |
| *eh bien! hé bien!* | pour interroger |
| *çà! allons! courage!* | pour encourager |

On appelle locution interjective une réunion de mots qui remplissent la fonction d'une interjection : *ah! çà!, oui-dà!* etc. (*).

(*) En général les locutions adverbiales sont terminées par un verbe, les locutions prépositives par une préposition, les locutions conjonctives par une conjonction et les locutions interjectives par une interjection.

# PRINCIPES.

---

# CLASSE ÉLÉMENTAIRE.

## *SUPPLÉMENT.*

(7e ET 8e.)

# AVIS AU MAITRE.

—

I. *Nous ne donnons dans ce Supplément que quelques noms dont le genre offre quelque difficulté et dont la signification change avec le genre. Les autres sont moins usuels et il suffira d'en faire le sujet d'une ou deux concertations.*

II. *Savoir reconnaître le sujet, les compléments et l'antécédent est, à nos yeux, nous le répétons, une forte garantie d'avancement rapide et sérieux dans l'étude de la syntaxe française et de la syntaxe latine. On ne saurait donc trop insister sur l'enseignement de l'analyse grammaticale.*

*Pour graduer les difficultés, on peut recourir à des exemples qui renferment soit des homonymes, soit des mots dont la signification change selon les différents genres qu'ils sont susceptibles de prendre.*

*L'analyse des exemples de la 2e partie facilitera aux élèves l'intelligence des préceptes de 6e.*

*Une série de phrases calquées sur les exemples de la syntaxe latine disposerait les élèves d'une manière éloignée, mais fort profitable, à l'intelligente application des règles.*

III. *Tous les temps des verbes irréguliers et défectueux ne sont point conjugués. L'étude continue de ces irrégularités est fastidieuse pour les élèves. La connaissance pratique de ces irrégularités se fixera dans leur esprit bien plus durablement par l'usage, la lecture et la correction des devoirs, que par un pénible et long effort de mémoire.*

———

# SUPPLÉMENT.

---

## Substantifs collectifs, composés, pris adjectivement.

Un substantif collectif est celui qui désigne plusieurs personnes ou plusieurs choses sans prendre la marque du pluriel : *foule, multitude.*

Il y a deux sortes de collectifs : *le collectif général* et *le collectif partitif.*

Le collectif général est celui qui marque la totalité des personnes ou des choses dont on parle, ou bien un nombre déterminé de ces mêmes personnes ou de ces mêmes choses : *la foule des curieux, la moitié des soldats.* Il est toujours précédé d'un déterminatif : *le, la, ce, cette, mon, ton, votre,* etc.

Le collectif partitif est celui qui exprime une partie des personnes ou des choses dont on parle : *une multitude de personnes.*

Il est ordinairement précédé de *un, une. La plupart* est toujours collectif partitif.

Un substantif composé est celui qui comprend deux ou plusieurs mots joints ensemble par des traits d'union : *avant-coureur, arc-en-ciel,* etc.

Un substantif est pris adjectivement, et devient attribut quand il sert à qualifier un autre mot : *Louis roi, la charité est une vertu.*

## Substantifs dont le genre peut présenter quelque difficulté.

MASCULINS.

Abîme,
albâtre,
amadou,
antre,
apprentissage,
armistice,
astérisque,
auditoire,
automate,
balustre,

concombre,
décombres,
éloge,
émétique,
emplâtre,
épisode,
équinoxe,
érysipèle,
évangile,
exorde,

hémisphère,
incendie,
indice,
intervalle,
ivoire,
monticule,
obélisque,
obstacle,
paraphe,
ustensiles.

FÉMININS.

Alcôve,
antichambre,
artère,
atmosphère,
ébène,

écritoire,
épitaphe,
horloge,
hydre,
nacre,

outre,
pédale,
étable,
ténèbres.

## Noms masculins dans une acception et féminins dans une autre.

Aune,
barbe,
barde,
coche,
crêpe,
écho,
enseigne,
espace,
forêt,
fourbe,
garde,

greffe,
guide,
livre,
manche,
mémoire,
moule,
mousse,
œuvre,
page,
parallèle,
pendule,

période,
poste,
sentinelle,
somme,
souris,
tour,
trompette,
vague,
vase,
voile,

*Aide* est masculin quand il représente un homme qui travaille sous les ordres d'un autre, et il est féminin dans les autres cas : *ce garçon est un bon aide menuisier; cette femme est une bonne aide, venez à mon aide*, etc.

*Aigle* est féminin dans le sens d'enseigne, d'armoiries, et masculin dans les autres cas : *les aigles romaines, l'aigle impériale; un grand aigle*, etc.

*Amour, délice, orgue* sont masculins au singulier et féminins au pluriel : *l'amour filial, de folles amours; un bel orgue, de belles orgues*, etc.

*Enfant* est masculin quand il représente un garçon, et féminin quand il représente une fille : *ce petit enfant; cette pauvre petite enfant.*

*Enseigne* est masculin quand il désigne celui qui porte le drapeau ; il est féminin dans le sens de drapeau et de marque propre à faire reconnaître une chose : *c'est un jeune enseigne; les enseignes romaines, loger à telle enseigne*, etc.

*Foudre* est féminin quand il désigne le tonnerre; il est masculin dans : *un foudre d'éloquence, de guerre; un foudre de vin* (*).

*Couple* signifiant *deux* est féminin ; il est masculin quand il marque l'intimité, l'intelligence, l'union : *une couple de livres; un couple d'amis, un couple de fripons, un couple de tourtereaux*, etc.

*Hymne*, chant d'Eglise, est féminin ; il est masculin dans tous les autres cas.

*Quelque chose* est masculin quand il signifie *une chose*, et féminin quand il signifie *quelque soit la chose* : *voit-on ici-bas quelque chose qui soit permanent? quelque chose qu'il ait faite.*

*Gens* veut au féminin les adjectifs ou participes qui

(*) Les poètes le font des deux genres.

précèdent, et au masculin ceux qui suivent : *les vieil-les gens sont soupçonneux.*

Excepté l'adjectif *tous*, qui reste au masculin quand il est seul devant le substantif *gens* ou qu'il en est séparé par un adjectif ayant la même terminaison pour les deux genres : *tous les gens d'esprit, tous les honnêtes gens*, etc.

Les noms de professions d'hommes tels que *peintre, ministre, poète, auteur*, etc., restent généralement masculins quand ils sont appliqués à des femmes (*) : *les femmes docteurs ne sont point de mon goût.*

## Formation irrégulière du pluriel dans quelques substantifs.

*Travail* fait *travails* et *travaux :*

*Travails*, quand il signifie une machine dont on se sert pour ferrer les chevaux vicieux, et quand on veut désigner certains rapports faits au roi par le ministre ou au ministre par un de ses employés.

*Travaux* dans tous les autres cas.

*Aïeul* fait *aïeuls* et *aïeux :*

*Aïeuls*, quand on veut désigner le grand-père paternel et le grand-père maternel.

*Aïeux* dans tous les autres cas.

*Ciel* fait *ciels* et *cieux :*

*Ciels*, dans *ciels de lits, ciels de tableaux, ciels de carrière.*

*Cieux* dans tous les autres cas.

*Œil* fait *œils* et *yeux :*

*Œils* dans *œils de bœuf, œils de chat, œils de perdrix.*

*Yeux* quand on veut désigner les organes de la vue.

(*) Voir plus loin : *Formation du féminin dans quelques adjectifs.*

# Formation irrégulière du féminin dans quelques adjectifs.

1° Quelques adjectifs terminés par un *e* muet, et ordinairement employés substantivement, forment leur féminin en ajoutant *sse*.

| | |
|---|---|
| *Bonze,* | *bonzesse.* |
| *Druide,* | *druidesse.* |
| *Hôte,* | *hôtesse.* |
| *Nègre,* | *négresse.* |
| *Prêtre,* | *prêtresse.* |
| *Prince,* | *princesse.* |

2° A la quatrième exception s'ajoutent (*) :

| | |
|---|---|
| *Bas,* | *basse.* |
| *Bellot,* | *bellotte.* |
| *Epais,* | *épaisse.* |
| *Exprès,* | *expresse.* |
| *Gentil,* | *gentille.* |
| *Gras,* | *grasse.* |
| *Gros,* | *grosse.* |
| *Las,* | *lasse.* |
| *Métis,* | *métisse.* |
| *Nul,* | *nulle.* |
| *Paysan,* | *paysanne.* |
| *Pâlot,* | *pâlotte.* |
| *Profès,* | *professe.* |
| *Sot,* | *sotte.* |
| *Vieillot,* | *vieillotte.* |

3° Les adjectifs suivants font au féminin :

| | |
|---|---|
| *Absous,* | *absoute.* |
| *Bénin,* | *bénigne.* |
| *Blanc,* | *blanche.* |

(*) Voir : *Formation du féminin dans les adjectifs*, pag. 15.

| | |
|---|---|
| *Caduc,* | *caduque.* |
| *Coi,* | *coite.* |
| *Devin,* | *devineresse.* |
| *Dissous,* | *dissoute.* |
| *Doux,* | *douce,* |
| *Faux,* | *fausse.* |
| *Favori,* | *favorite,* |
| *Frais,* | *fraîche.* |
| *Franc,* | *franche.* |
| *Grec,* | *grecque.* |
| *Jaloux,* | *jalouse.* |
| *Long,* | *longue.* |
| *Malin,* | *maligne,* |
| *Oblong,* | *oblongue.* |
| *Public,* | *publique,* |
| *Roux,* | *rousse.* |
| *Sec,* | *sèche.* |
| *Tiers,* | *tierce.* |
| *Turc,* | *turque.* |

4° *Beau , nouveau , jouvenceau , fou , mou , vieux ,* font *belle , nouvelle , jouvencelle , folle , molle , vieille;* et au masculin singulier, devant une voyelle ou une *h* muette, on dit : *bel , nouvel , jouvencel , fol, mol , viel.*

5° Les adjectifs terminés en *eur,* changent *eur,*

| | | |
|---|---|---|
| 1° en *euse,* | *menteur,* | *menteuse.* |
| | *grondeur,* | *grondeuse,* etc. |
| 2° en *rice,* | *imitateur,* | *imitatrice.* |
| | *accusateur,* | *accusatrice,* etc. |
| 3° en *eresse,* | *pécheur,* | *pécheresse.* |
| | *enchanteur,* | *enchanteresse,* etc. |
| 4° en *eure,* | *supérieur,* | *supérieure.* |
| | *majeur,* | *majeure,* etc. |

## Observations sur l'orthographe de quelques verbes.

1º Les verbes terminés à l'infinitif présent par *cer* prennent une cédille sous le *ç* quand il est suivi de *a* ou de *o* : *nous avançons*, *ils avançaient*, etc.

2º Les verbes terminés à l'infinitif par *ger* prennent un *e* muet après le *g* quand il est suivi de *a* ou de *o* : *nous partageons*, *ils partageaient*, etc.

3º Les verbes terminés à l'infinitif présent par *eler*, *eter*, doublent les consonnes *l*, *t* devant un *e* muet : *j'appelle*, *je jette* (*), etc.

4º Les verbes terminés à l'infinitif présent par *éer*, prennent deux *e* partout où la terminaison commence par un *e* muet, et trois *e* au participe passé : *je supplée*, *je créerai*; *agréée*, *créée*, etc.

5º *Bénir* a deux participes passés : *bénit*, *bénite*, pour les choses consacrées par l'Église : *cierge bénit*, *eau bénite*; *bénie*, *béni* dans les autres cas : *vous êtes bénie entre toutes les femmes*, etc.

6º *Haïr* perd le tréma aux trois personnes singulières de l'indicatif présent et à la deuxième personne singulière de l'impératif : *je hais*, *tu hais*, *il hait*; *hais*.

7º *Fleurir* fait à l'imparfait *florissait* et *florissant* au participe présent, quand on parle de la prospérité des arts, des sciences : *les sciences florissaient sous son empire*, etc.

8º Dans les verbes terminés au participe présent par *yant*, *iant*, on met un second *i* à la 1ʳᵉ et à la 2ᵉ personne plurielle de l'imparfait de l'indicatif et du présent du subjonctif : *nous priions*, *vous priiez*, *nous employions*, *vous employiez*, etc.

(*) Excepté : *geler, peler, acheter* et quelques autres.

9° Les verbes dont le participe présent est en *yant* changent leur *y* en *i* devant un *e* muet (*) : *ils fuient, ils emploient*, etc.

## Modèle des verbes conjugués interrogativement.

### INDICATIF.

| PRÉSENT. | PARFAIT ANTÉRIEUR. |
|---|---|
| Aimé-je? | Eus-je aimé? |
| Aimes-tu? | Eus-tu aimé? |
| Aime-t-il? | Eût-il aimé? |
| Aimons-nous? | Eûmes-nous aimé? |
| Aimez-vous? | Eûtes-vous aimé? |
| Aiment-ils? | Eurent-ils aimé? |

| IMPARFAIT. | PLUS-QUE-PARFAIT. |
|---|---|
| Aimais-je? | Avais-je aimé? |
| Aimais-tu? | Avais-tu aimé? |
| Aimait-il? | Avait-il aimé? |
| Aimions-nous? | Avions-nous aimé? |
| Aimiez-vous? | Aviez-vous aimé? |
| Aimaient-ils? | Avaient-ils aimé? |

| PARFAIT DÉFINI. | FUTUR. |
|---|---|
| Aimai-je? | Aimerai-je? |
| Aimas-tu? | Aimeras-tu? |
| Aima-t-il? | Aimera-t-il? |
| Aimâmes-nous? | Aimerons-nous? |
| Aimâtes-vous? | Aimerez-vous? |
| Aimèrent-ils? | Aimeront-ils? |

| PARFAIT INDÉFINI. | FUTUR PASSÉ. |
|---|---|
| Ai-je aimé? | Aurai-je aimé? |
| As-tu aimé? | Auras-tu aimé? |
| A-t-il aimé? | Aura-t-il aimé? |
| Avons-nous aimé? | Aurons-nous aimé? |
| Avez-vous aimé? | Aurez-vous aimé? |
| Ont-ils aimé? | Auront-ils aimé? |

## CONDITIONNEL

| PRÉSENT. | PASSÉ. |
|---|---|
| Aimerais-je? | Aurais-je aimé (**)? |
| Aimerais-tu? | Aurais-tu aimé? |
| Aimerait-il? | Aurait-il aimé? |
| Aimerions-nous? | Aurions-nous aimé? |
| Aimeriez-vous? | Auriez-vous aimé? |
| Aimeraient-ils? | Auraient-ils aimé? |

(*) L'Académie conserve l'*y* dans toute la conjugaison des verbes en *ayer*.

(**) *On dit aussi :* Eussé-je aimé? eusses-tu aimé? eût-il aimé? etc.

Observations :

1º Les verbes conjugués interrogativement ne sont d'usage qu'aux temps de l'indicatif et du conditionnel.

2º La première personne du singulier, du présent de l'indicatif, ne s'emploie pas interrogativement dans les verbes qui n'ont qu'une syllabe. Cependant on dit : *ai-je? dois-je? fais-je? sais-je? vais-je? vois-je?* etc.

3º Les pronoms personnels sont placés après le verbe dans les temps simples, et après l'auxiliaire dans les temps composés, et ils sont liés à l'un ou à l'autre par un trait d'union.

L'*e* muet se change en *é* fermé quand il est suivi du pronom *je*.

5º Quand le verbe est terminé par une voyelle et suivi de l'un des pronoms *il, elle, on,* on met entre le verbe et le pronom un *t* euphonique entre deux traits d'union.

6º Pour reconnaître si le verbe est au présent de l'indicatif *aimé-je*, ou au passé *aimai-je*, on fait disparaître la forme interrogative.

## Verbes irréguliers et défectifs.

Les verbes irréguliers sont ceux qui, pour la formation de leurs temps, ne suivent pas les règles de formation déjà données.

Les verbes défectifs ou défectueux sont ceux qui ne sont pas usités à certains temps et à certaines personnes.

| | | | | |
|---|---|---|---|---|
| Absoudre, | absolvant, | absous, | j'absous. | — |
| Acquérir, | acquérant, | acquis, | j'acquiers, | j'acquis. |
| Aller, | allant, | allé, | je vais, | j'allai. |
| Assaillir, | assaillant, | assailli, | j'assaille, | j'assaillis. |

| | | | | |
|---|---|---|---|---|
| Asseoir, | asseyant, | assis, | j'assieds, | j'assis. |
| Battre, | battant, | battu, | je bats, | je battis. |
| Boire, | buvant, | bu, | je bois, | je bus. |
| Bouillir, | bouillant, | bouilli, | je bous, | je bouillis. |
| Braire, | — | — | il brait. | — |
| Bruire, | — | — | il bruit. | — |
| Choir. | — | — | — | — |
| Circoncire, | circoncisant, | circoncis, | je circoncis, | je circoncis. |
| Clore, | — | clos, | je clos. | — |
| Conclure, | concluant, | conclu, | je conclus, | je conclus. |
| Confire, | confisant, | confit, | je confis, | je confis. |
| Coudre, | cousant, | cousu, | je couds, | je cousis. |
| Courir, | courant, | couru, | je cours, | je courus. |
| Croire, | croyant, | cru, | je crois, | je crus. |
| Croître, | croissant, | crû, | je crois, | je crûs. |
| Cueillir, | cueillant, | cueilli, | je cueille, | je cueillis. |
| Déchoir, | — | déchu, | je déchois, | je déchus. |
| Dire, | disant, | dit, | je dis, | je dis. |
| Dormir, | dormant, | dormi, | je dors, | je dormis. |
| Échoir, | échéant, | échu, | il échoit, | j'échus. |
| Éclore, | — | éclos, | il éclôt. | |
| Écrire, | écrivant, | écrit, | j'écris, | j'écrivis. |
| Envoyer, | envoyant, | envoyé, | j'envoie, | j'envoyai. |
| Exclure, | excluant, | exclu, | j'exclus, | j'exclus. |
| Faillir, | faillant, | failli, | je faux, | je faillis. |
| Faire, | faisant, | fait, | je fais, | je fis. |
| Falloir, | — | fallu, | il faut, | il fallut. |
| Frire, | — | frit, | je fris. | — |
| Fuir, | fuyant, | fui, | je fuis, | je fuis. |
| Gésir, *inusit.*, | gisant. | — | il gît, | — |
| Lire, | lisant, | lu, | je lis, | je lus. |
| Luire, | luisant, | lui, | je luis. | |
| Maudire, | maudissant, | maudit, | je maudis, | je maudis. |
| Mentir, | mentant, | menti, | je mens, | je mentis. |
| Mettre, | mettant, | mis, | je mets, | je mis. |
| Moudre, | moulant, | moulu, | je mouds, | je moulus. |
| Mourir, | mourant, | mort, | je meurs, | je mourus. |
| Mouvoir, | mouvant, | mû, | je meus, | je mus. |
| Naître, | naissant, | né, | je nais, | je naquis. |
| Nuire, | nuisant, | nui, | je nuis, | je nuisis. |
| Oindre, | oignant, | oint, | j'oins, | j'oignis. |

| | | | | |
|---|---|---|---|---|
| Offrir, | offrant, | offert, | j'offre, | j'offris. |
| Ouïr, | — | ouï. | — | — |
| Ouvrir, | ouvrant, | ouvert, | j'ouvre, | j'ouvris. |
| Paître, | paissant, | — | je pais. | |
| Paraître, | paraissant, | paru, | je parais, | je parus. |
| Partir, | partant, | parti, | je pars, | je partis. |
| Peindre, | peignant, | peint, | je peins, | je peignis. |
| Plaire, | plaisant, | plu, | je plais, | je plus. |
| Pleuvoir, | pleuvant, | plu, | il pleut, | il plut. |
| Pourvoir, | pourvoyant, | pourvu, | je pourvois, | je pourvus. |
| Pouvoir, | pouvant, | pu, | je puis *ou* je peux, | je pus. |
| Prendre, | prenant, | pris, | je prends, | je pris. |
| Prévaloir, | prévalant, | prévalu, | je prévaux, | je prévalus. |
| Prévoir, | prévoyant, | prévu, | je prévois, | je prévis. |
| Puer, | puant, | — | je pue. | |
| Répondre, | répondant, | répondu, | je réponds, | je répondis. |
| Résoudre, | résolvant, | résolu *ou* résous (*) | je résous, | je résolus. |
| Rire, | riant, | ri, | je ris, | je ris. |
| Rompre, | rompant, | rompu, | je romps, | je rompis. |
| Ravoir. | — | | — | — |
| Savoir, | sachant, | su, | je sais, | je sus. |
| Sentir, | sentant, | senti, | je sens, | je sentis. |
| Seoir, | séant *et* seyant, | sis, | il sied. | |
| Servir, | servant, | servi, | je sers. | je servis. |
| Sortir, | sortant, | sorti, | je sors, | je sortis. |
| Sourdre. | — | | — | — |
| Suffire, | suffisant, | suffi, | je suffis, | je suffis. |
| Suivre, | suivant, | suivi, | je suis, | je suivis. |
| Tenir, | tenant, | tenu, | je tiens, | je tins. |
| Taire, | taisant, | tu, | je tais, | je tus. |
| Traire, | trayant, | trait, | je trais, | — |
| Vaincre, | vainquant, | vaincu, | je vaincs, | je vainquis. |
| Valoir, | valant, | valu, | je vaux, | je valus. |
| Venir, | venant, | venu, | je viens, | je vins. |
| Vêtir, | vêtant, | vêtu, | je vêts, | je vêtis. |
| Vivre, | vivant, | vécu, | je vis, | je vécus. |
| Voir, | voyant, | vu, | je vois, | je vis. |
| Vouloir, | voulant, | voulu, | je veux, | je voulus. |

(*) *Résolu, ue*, appartient à la signification *décider, déterminer*; et *résous*, à la signification *changer, convertir une chose en une autre.*

3.

## SIGNES ORTHOGRAPHIQUES.

Les signes orthographiques servent à indiquer la prononciation de certaines lettres et à distinguer certains mots qui, avec la même orthographe, ont une signification différente.

Les signes orthographiques sont : les *accents*, l'*apostrophe*, le *tréma*, la *cédille* et le *trait d'union*.

### Accents.

Il y a trois sortes d'accents : l'*accent aigu*, l'*accent grave* et l'*accent circonflexe*.

L'accent aigu se met sur les *é* fermés qui terminent une syllabe ou suivis d'une *s* au pluriel : *vérité*, *assemblée*, *procédés*.

L'accent grave se met :

1° Sur les *è* ouverts qui terminent une syllabe ou qui sont suivis d'une *s* à la fin d'un mot : *modèle*, *succès*.

2° Sur *à*, *dès*, prépositions, et sur les adverbes *là*, *où*, *deçà*, *déjà*, *delà*, etc.

L'accent circonflexe se met :

1° Sur les voyelles restées longues après la suppression d'une lettre employée dans l'ancienne orthographe : *piqûre*, *même*, *mûr;* autrefois : *piquure*, *mesme*, *meur*.

2° Sur *u* dans *dû*, *redû*, *mû*, *crû*, participes passés des verbes *devoir*, *redevoir*, *mouvoir*, *croître*.

3° Sur la 1re et la 2e personne plurielle du parfait défini et sur la 3e personne singulière de l'imparfait du subjonctif : *nous aimâmes, vous finîtes; qu'il aimât, qu'il finît*.

## Apostrophe.

L'apostrophe marque le retranchement des voyelles *a*, *e*, *i*:

1º Dans *le*, *la*, *je*, *me*, *te*, *se*, *de*, *ne*, *que*, *jusque*, et *ce* pronom démonstratif devant une voyelle ou une *h* muette : *j'aime l'histoire.*

2º Dans *lorsque*, *puisque*, *quoique*, devant *il*, *ils*, *elle*, *elles*, *on*, *un*, *une* : *lorsqu'il viendra*, *quoiqu'il dise.*

3º Dans *quelque*, devant *un*, *une* : *quelqu'un*, *quelqu'une.*

4º Dans *presque*, devant *île* : *presqu'île.*

5º Dans *si*, devant *il*, *ils* : *s'il vient.*

6º Dans *entre*, devant un verbe commençant par une voyelle, etc. : *entr'ouvrir*, *s'entr'aider*, *entr'acte.*

7º Dans *grande*, devant quelques substantifs : *grand'mère*, *grand'messe* (*), *grand'tante*, *grand'-salle*, *grand'chambre*, *grand'pitié*, *grand'chère.*

## Tréma.

Le tréma se met sur les voyelles *e*, *i*, *u*, quand elles doivent être prononcées séparément de la voyelle qui précède : *ciguë*, *naïf*, *Saül.*

On ne met point de tréma quand une des deux voyelles est accentuée : *réunion*, *athéisme.*

## Cédille.

La cédille se met sous le *c* suivi des voyelles *a*, *o*, *u*, pour donner à cette lettre la prononciation de l's : *leçon*, *reçu*, *il recommença.*

(*) On dit aussi : *grande messe.*

## Trait d'union.

Le trait d'union se met :

1° Entre les diverses parties d'un mot composé : *chef-d'œuvre, arc-en-ciel*.

2° Entre les pronoms *je, me, moi, nous, tu, te, toi, vous, il, ils, elle, elles, le, la, les, lui, leur, en, y, ce, on*, et le verbe dont ils sont immédiatement précédés et dont ils sont sujet ou complément : *irai-je? prenez-en*.

3° Entre l'adverbe *très* et l'adjectif ou l'adverbe qui suit : *très-bien, très-sage* (*).

4° Entre *même* et le pronom auquel il doit être lié : *moi-même, eux-mêmes*.

5° Entre les particules *ci, là*, et les mots auxquels elles sont étroitement liées : *là-dessus, celui-ci*.

6° Avant et après le *t* euphonique : *partira-t-il*.

7° Entre les noms de nombre depuis *dix-sept* jusqu'à *cent* : *vingt-quatre, six cent quarante-cinq*.

A partir de *quatre-vingts*, on réunit par un trait d'union *dix* et *vingt* aux mots qui précèdent : *quatre-vingt-dix, quatre-vingt-dix-sept*.

Avec *un*, on emploie la conjonction *et : vingt et un, trente et un*.

L'Académie écrit *soixante et dix, soixante et onze*, etc.

---

(*) C'est du moins l'usage de l'Académie et d'un grand nombre de bons imprimeurs.

## EMPLOI DES MAJUSCULES.

On écrit avec une majuscule :
1° Le premier mot de chaque phrase :

A l'œuvre on connaît l'artisan.

2° Le premier mot d'une citation qui suit les deux points :

Jupiter dit un jour : Que tout ce qui respire
S'en vienne comparaître aux pieds de ma grandeur.

3° Le premier mot d'une interrogation, d'une exclamation, à moins que cette interrogation ou cette exclamation ne forme une même phrase avec une interrogation ou une exclamation précédente :

Qui êtes-vous ? leur demandai-je. — Nous sommes des étrangers. — Quoi ! vous osez l'avouer ! Ne craignez-vous pas ? Mais non, ne craignez rien.

4° Le premier mot de chaque vers :

Un bloc de marbre était si beau
Qu'un statuaire en fit l'emplette.
Qu'en fera, dit-il, mon ciseau?
Sera-t-il dieu, table, ou cuvette ?

5° Les noms employés pour désigner la *Divinité*, *Dieu*, l'*Etre suprême*, la *Providence*, le *Seigneur*, le *Créateur*.

6° Les noms propres d'hommes, de femmes, de fausses divinités, d'animaux, etc. : *Jupiter, Alexandre, Bucéphale,* etc.

7° Les noms propres de peuples, de religions, de sociétés quelconques prises dans leur ensemble : *les Français, le Mahométisme, les Bénédictins.*

8° Les noms propres de contrées, de fleuves, de villes, de rues, de monuments, etc. : *Paris, le Louvre, rue de l'Étoile,* etc.

9° Les noms de sciences, d'arts, de métiers considérés comme tels : *j'aime la Musique, j'ai étudié la Rhétorique;* et l'on écrira sans majuscule : *sais-tu ta rhétorique, as-tu revu ton morceau de musique?*

10° Les noms de dignités, les titres honorifiques employés comme tels et non suivis du nom des personnes : *où est Monsieur? Avez-vous vu monsieur le Curé?* etc.

11° Les noms communs employés comme noms propres : *avez-vous visité la Capitale? avez-vous vu l'Empereur?*

12° Les titres d'ouvrages, de tableaux, de statues, etc.: *avez-vous lu le Télémaque? Avez-vous vu le Jugement dernier de Michel-Ange?* etc.

13° Les noms mis en apostrophe, ou les noms des vertus, des vices, etc., personnifiés :

Répondez, Cieux et Mer, et vous, Terre, parlez.

14° Les abréviations des titres d'honneur, de dignité, etc. : *N. S. P. le Pape, le R. P., NN. SS. les évêques de France,* etc.

## ANALYSE GRAMMATICALE.

L'analyse grammaticale fait connaître la nature, les formes accidentelles des mots et les rapports grammaticaux qui les unissent.

On fait connaître la nature d'un mot en disant à quelle partie du discours et à quelle division et subdivision de cette partie du discours appartient ce mot.

On fait connaître les formes accidentelles des mots en disant les diverses modifications de genre, de nombre, de personne, de mode, de temps, de conjugaison que subissent ces mots.

On fait connaître les rapports grammaticaux qui unissent les mots en disant s'ils sont les uns par rapport aux autres sujets, compléments, qualificatifs, etc.

### 1° Nature et formes accidentelles des mots.

#### SUBSTANTIF.

| Propre. | | | Masculin. | Singulier. |
|---|---|---|---|---|
| | Simple. | | | |
| Commun. | Composé. | Général. | | |
| | Collectif. | Partitif. | | |
| | | | Féminin. | Pluriel. |

*Comment se divisent les substantifs?*

*A quoi reconnaît-on qu'un substantif est propre? — commun?*

*Combien y a-t-il de sortes de substantifs communs?*

*A quoi reconnaît-on qu'un substantif est collectif général? — collectif partitif?*

*Combien y a-t-il de genres ?*

*A quoi reconnaît-on qu'un substantif est du genre masculin ? — du genre féminin ?*

*Combien y a-t-il de nombres ?*

*Quand est-ce qu'un substantif est au singulier ? — au pluriel ?*

## ARTICLE.

| | | |
|---|---|---|
| Simple. | Masculin. | Singulier. |
| Composé. | Féminin. | Pluriel. |

*Combien y a-t-il de sortes d'articles ?*

*Quels sont les articles simples ? — composés ? — masculins ? — féminins ? — des deux genres ? — singuliers ? — pluriels ?*

## ADJECTIF.

Qualificatif.
- Positif.
- Comparatif.
  - de supériorité.
  - d'égalité.
  - d'infériorité.
- Superlatif.
  - relatif.
  - absolu.

Déterminatif.
- Démonstratif.
- Possessif.
- Numéral.
  - Cardinal.
  - Ordinal.
- Indéfini.

Masculin. Féminin. Singulier. Pluriel.

*Comment se divisent les adjectifs ?*

*Combien y a-t-il de degrés de signification dans les adjectifs qualificatifs ?*

*Quand est-ce qu'un adjectif est au comparatif ?*

*Combien y a-t-il de sortes de comparatifs ?*

*Quand est-ce qu'un adjectif est au comparatif de supériorité ? — d'égalité ? — d'infériorité ?*

*Quand est-ce qu'un adjectif est au superlatif ?*

*Combien y a-t-il de sortes de superlatifs ?*

*Quand est-ce qu'un adjectif est au superlatif absolu ? — relatif ?*

*Combien y a-t-il de sortes d'adjectifs déterminatifs ?*

*Quels sont les adjectifs démonstratifs masculins ? — féminins ? — des deux genres ? — singuliers ? — pluriels ?*

*Quels sont les adjectifs possessifs masculins ? — féminins ? — des deux genres ? — singuliers ? — pluriels ?*

*Combien y a-t-il de sortes d'adjectifs numéraux ?*

*Quels sont les adjectifs numéraux cardinaux ? — numéraux ordinaux ?*

*Quels sont les adjectifs indéfinis masculins ? — féminins ? — des deux genres ? — singuliers ? — pluriels ?*

*Quand est-ce que un est adjectif numéral cardinal ? — adjectif indéfini ?*

## PRONOM.

|  |  |  |  |
|---|---|---|---|
| Personnel. | 1re personne. | Masculin. | Singulier. |
|  | 2e personne. |  |  |
|  | 3e personne. |  |  |
| Démonstratif. |  |  |  |
| Possessif. |  |  |  |
| Relatif. |  |  |  |
| Indéfini. |  | Féminin. | Pluriel. |

*Combien y a-t-il de sortes de pronoms ?*

*Quels sont les pronoms personnels de la 1re personne ? — de la 2e personne ? — de la 3e personne ?*

*Quels sont les pronoms personnels masculins ? — féminins ? — des deux genres ? — singuliers ? — pluriels ?*

*Quand est-ce que le, la, les, sont articles? — pronoms personnels?*

*Quels sont les pronoms démonstratifs masculins? — féminins? — des deux genres? — singuliers? — pluriels?*

*Quand est-ce que ce est adjectif démonstratif? — pronom démonstratif?*

*Quels sont les pronoms possessifs masculins? — féminins? — des deux genres? — singuliers? — pluriels?*

*Quand est-ce que notre, votre, sont adjectifs possessifs? — pronoms possessifs?*

*Quand est-ce que leur est adjectif possessif? — pronom possessif? — pronom personnel?*

*Quels sont les pronoms relatifs masculins? — féminins? — des deux genres? — singuliers? — pluriels?*

*Quels sont les pronoms indéfinis masculins? — féminins? — des deux genres? — singuliers? — pluriels?*

*Quand est-ce que aucun, nul, plusieurs, etc., sont adjectifs indéfinis? — pronoms indéfinis?*

## VERBE.

| | | Temps primitifs. | Indic. | Présent. | 1e p. | Sin. |
|---|---|---|---|---|---|---|
| Substantif. | | 1e conj. | Cond. | | | |
| Auxiliaire. | | 2e conj. | Impér. | Passé &. | 2e p. | |
| | Actif. | | | | | |
| | Passif. | | | | | |
| Attributif. | Neutre. | 3e conj. | Subj. | | | |
| | Pronom. {Essentiel / Accident.} | | | | | |
| | Unipers. | 4e conj. | Infin. | Futur &. | 3e p. | Plu. |

*Comment reconnaît-on qu'un mot est verbe?*

*Comment se divisent les verbes?*

*Combien y a-t-il d'auxiliaires?*

*Quand est-ce que le verbe être est verbe substantif? — verbe auxiliaire?*

*Quand est-ce que le verbe avoir est verbe auxiliaire? — verbe actif?*

*Combien y a-t-il de sortes de verbes attributifs? — de verbes pronominaux?*

Comment reconnaît-on qu'un verbe est actif? — passif? — neutre? — pronominal? — pronominal accidentel? — pronominal essentiel? — unipersonnel?

Combien y a-t-il de temps primitifs? — quels sont-ils?

Combien y a-t-il de conjugaisons?

Comment reconnaît-on à quelle conjugaison appartient un verbe?

Combien y a-t-il de modes? — quels sont-ils?

Combien y a-t-il de temps?

Combien y a-t-il de passés? — de futurs?

Combien y a-t-il de nombres? — de personnes?

## PARTICIPE.

$$\left\{\begin{array}{l}\text{Présent.}\\\text{Passé.}\end{array}\right.\left\{\text{Verbe.}\right.\left\{\text{Temps primitifs.}\right.\left\{\text{Conjugaison.}\right.\left\{\text{Mode.}\right.$$

Combien y a-t-il de sortes de participes?

Comment distingue-t-on le participe présent de l'adjectif verbal?

## ADVERBE.

Adverbe.

Locution adverbiale.

Quand est-ce que y est pronom? — adverbe?

Quand est-ce que la est article? — pronom? — adverbe?

## CONJONCTION.

Conjonction.

Locution conjonctive.

Quand est-ce que que est pronom? — conjonction?

Quand est-ce que on est pronom? — adverbe? — conjonction?

## PRÉPOSITION.

Préposition.

Locution prépositive.

Quand est-ce que en est pronom? — préposition?

## INTERJECTION.

Interjection.
Locution interjective.

*Comment distingue-t-on une locution interjective d'une locution prépositive, d'une locution conjonctive et d'une locution adverbiale?*

## 2° Rapports grammaticaux qui unissent les mots.

— Un substantif est mis en apostrophe quand il est employé soit pour appeler la personne ou la chose qu'il désigne, soit pour attirer son attention :

O *mort !* lui disait-il, que tu me sembles belle ?

— Un substantif est attribut quand il est employé adjectivement pour exprimer la manière d'être d'un autre substantif :

Les arts sont les enfants de la nécessité.

— Un substantif est sujet quand il répond à une des questions *qui est-ce qui? qu'est-ce qui?* faites avant le verbe :

Le *chêne*, un jour, dit au roseau.

Qui est-ce qui dit? — le chêne; donc le substantif *chêne* est sujet du verbe *dit*.

Un substantif ne peut être sujet que d'un verbe actif, passif, neutre et pronominal à un mode personnel.

— Un substantif est régime ou complément direct quand il répond à une des questions *qui? quoi?* faites après le verbe :

Une grenouille vit un *bœuf*.

Une grenouille vit *quoi?* — un bœuf; donc le substantif *bœuf* est régime direct du verbe *vit*.

Le complément direct peut être précédé :

1º D'une préposition employée par idiotisme ; on peut la supprimer sans nuire au sens de la phrase : *il aime à parler*, *il craint de tomber* ;

2º D'un *de* partitif ; on peut le tourner par UNE PARTIE DE : *il a donné du pain et de l'argent aux pauvres.*

Un substantif ne peut être complément direct que d'un verbe actif, d'un verbe pronominal, ou d'une préposition ; la préposition et le substantif forment le complément indirect d'un autre mot.

— Un substantif est régime ou complément indirect quand il répond à une des questions *à qui? à quoi? de qui? de quoi, pour qui? pourquoi?* faites après le verbe.

> Le chêne dit un jour au *roseau.*

Le chêne dit à *qui?* — au roseau ; donc le substantif *roseau* est complément indirect du verbe *dit.*

Un substantif peut être complément indirect d'un substantif, d'un adjectif, d'un pronom, d'un verbe quelconque, d'un participe et d'un adverbe.

— Un substantif est complément circonstanciel quand il répond à une des questions *où? comment? avec qui? avec quoi? quand?* etc., faites après le verbe :

> Les alouettes font leur nid
> Dans les *blés.*

Les alouettes font leur nid *où ?* — dans les blés ; donc le substantif *blés* est complément circonstanciel du verbe *font.*

La préposition qui précède ordinairement le complément indirect et le complément circonstanciel est quelquefois sous-entendue :

1º Devant un nom de temps : *il a régné* (pendant)
*dix ans ;*

2º Devant les pronoms ME, TE, SE, NOUS, VOUS, LEUR :
*il vous* (à vous) *parle ; il nous* (à nous) *apparaît.*

3º Devant un infinitif : *il est allé* (pour) *vous chercher.*

Un substantif peut être complément circonstantiel
d'un substantif, d'un adjectif, d'un verbe, d'un participe.

— Les pronoms tiennent la place des substantifs,
et peuvent être comme les substantifs *mis en apostrophe, sujets, compléments,* etc.

— Les infinitifs présents doivent être considérés
comme des substantifs, et ils peuvent être comme les
substantifs et les pronoms, *sujets, compléments,* etc.

— Le participe passé, comme l'adjectif qualificatif
dont il suit les règles d'accord, qualifie le substantif
auquel il se rapporte.

— L'adverbe modifie un verbe, un adjectif ou un
autre adverbe.

## SUBSTANTIF.

Substantif. . .
{
Mis en apostrophe.
Attribut.
Sujet.
Complément direct.
Complément indirect.
Complément circonstanciel.
}

*Quand est-ce qu'un substantif est mis en apostrophe ?— attribut ?
— sujet ? — complément direct ? — complément indirect ?— complément circonstanciel ?*

*De quel mot un substantif peut-il être sujet ? — complément direct ? — complément indirect ? — complément circonstanciel ?*

## ARTICLE.

Article. . . . { Annonce que le substantif qui le suit est pris dans un sens déterminé.

*Quelle est la fonction de l'article devant les substantifs ?*

## ADJECTIF.

Adjectif. { Qualificatif. . . } Qualifie.
{ Déterminatif. . } Détermine.

*Quelle est la fonction de l'adjectif devant les substantifs ?*
*Quels sont les adjectifs qui qualifient les substantifs ?*
*Quels sont les adjectifs qui déterminent les substantifs ?*

## PRONOM.

Pronom. . . . { Mis en apostrophe.
{ Attribut.
{ Sujet.
{ Complément direct.
{ Complément indirect.
{ Complément circonstanciel.

*Quand est-ce qu'un pronom est mis en apostrophe ? — attribut ? — sujet ? — complément direct ? — complément indirect ? — complément circonstanciel ?*

*De quel mot un pronom peut-il être sujet ? — complément direct ? — complément indirect ? — complément circonstanciel ?*

## VERBE.

Infinitif. . . . { Mis en apostrophe.
{ Attribut.
{ Sujet.
{ Complément direct.
{ Complément indirect.
{ Complément circonstanciel.

*Quand est-ce qu'un verbe, à l'infinitif présent, est mis en apos-*
*trophe ? — attribut ? — sujet ? — complément direct ? — complé-*
*ment indirect ? — complément circonstanciel ?*

## PARTICIPE.

Participe. . . $\Big\}$ Qualifie

*Quels sont les mots que peut qualifier un participe ?*

## ADVERBE.

Adverbe. . . $\Big\}$ Modifie.

*Quels sont les mots que peut modifier un adverbe ?*

## PRÉPOSITION.

Préposition. . . $\Big\}$ Fait rapporter un mot à un autre.

## CONJONCTION.

Conjonction. . . $\Big\}$ Unit deux mots ou deux propositions.

———

### Modèle d'analyse grammaticale.

Partout où vous serez, souvenez-vous du respect que vous devez à
votre ange gardien.

*Partout où* locùt. adverb. qui modif. *serez.*
  *vous*  pron. pers., 2ᵉ pers. mascul. plur., sujet
      de *serez.*
  *serez,*  verb. subst. dont les temps primit. sont :
      *être, étant, été, je suis, je fus,* 4ᵉ conj.
      indicat. fut., 2ᵉ pers. plur.

*souvenez*    verb. pron. essent., dont les temps primit.
              sont : *se souvenir, se souvenant, s'étant*
              *souvenu, je me souviens, je me souvins,*
              2ᵉ conjug. impérat., 2ᵉ pers. plur.

*vous*        pron. pers., 2ᵉ pers. mascul. plur., compl.
              direct de *souvenez.*

*du*          mis pour *de le.*

*de*          préposit. qui fait rapporter *respect* à *sou-*
              *venez.*

*le*          art. simpl. mascul. singul., annonce que
              *respect* est déterm.

*respect*     subst. comm. mascul. sing., compl. indir.
              de *souvenez.*

*que*         pron. relat. mascul. singul., compl. direct
              de *devez.*

*vous*        pron. pers., 2ᵉ pers. mascul. plur., sujet
              de *devez.*

*devez*       verb. act., dont les temps primit. sont :
              *devoir, devant, dû, je dois, je dus,*
              3ᵉ conjug. indicat. prés., 2ᵉ pers plur.

*à*           préposit. qui fait rapporter *ange* à *devez.*

*votre*       adj. poss. mascul. singul., détcrm. *ange.*

*ange*        subst. comm. mascul. singul., compl.
              indir. de *devez.*

*gardien.*    adj. qualif. mascul. sing., qualif. *ange.*

---

Celui qui ne vous invoque point, ô Marie ! n'entrera point en
paradis.

*Celui*       pron. démonst. mascul. singul., sujet de
              *entrera.*

*qui*         pron. relat. mascul. singul., sujet de
              *invoque.*

4

*vous*          pron. pers., 2ᵉ pers. mascul. plur., compl. direct de *invoque*.

*invoque,*      verb. act., dont les temps primit. sont : *invoquer, invoquant, invoqué, j'invoque, j'invoquai*, 1ʳᵉ conjug. indicat. prés., 3ᵉ pers. sing.

*ô*             interjection.

*Marie,*        subst. propr. fém. singul., mis en apostrophe.

*ne point*     locut. adverb. qui modif. *entrera*.

*entrera*      verb. neut., dont les temps primit. sont : *entrer, entrant, entré, j'entre, j'entrai*, 1ʳᵉ conjug. indicat. fut., 3ᵉ pers singul.

*en*           préposit. qui fait rapporter *paradis* à *entrera*

*paradis.*      subst. comm. mascul. singul., compl. circonst. de *entrera* (*).

---

(*) Ou bien compl. direct de *en;* mais il est plus utile, pour l'étude de la syntaxe latine, de fixer l'attention de l'élève sur l'influence du verbe.

# SYNTAXE.

---

# COURS INFÉRIEUR DE GRAMMAIRE

## 1er ORDRE.

## (6e).

# AVIS AU MAITRE.

—

I. *On trouvera dans la grammaire nationale de Besche-relle la liste alphabétique des noms composés et des noms empruntés aux langues étrangères. Comme l'orthographe de ces noms est fixée par l'usage, il est nécessaire d'exer-cer fréquemment les élèves dans les dictées, sur le tableau, de vive voix et en concertation.*

II. *Dans l'application des règles du participe, on ne saurait trop former les élèves à suivre la marche tracée dans les observations:*

    1° *Reconnaître la nature du verbe;*
    2° *Dire la règle qui a rapport à ce verbe;*
    3° *Trouver le sujet, le complément ou l'antécédent;*
    4° *Appliquer la règle d'accord.*

*Les observations ne sont point destinées à être apprises à la lettre. Une explication avec de nombreux exemples analogues à ceux que nous avons donnés peut suffire.*

III. *L'analyse logique est utile comme préparation à l'intelligence de la méthode latine. Si l'analyse gramma-ticale a été bien comprise, si les élèves sont bien exercés à reconnaître le sujet, l'attribut et les compléments, les principes d'analyse logique n'offriront que peu de diffi-cultés. Nous croyons même plus utile d'insister durant tout le premier semestre sur l'analyse grammaticale et de ne voir l'analyse logique que vers la fin du second semestre.*

—

# ACCORD DU SUBSTANTIF.

— Les noms propres ne prennent point la marque du pluriel :

> Les Platon, les Pythagore ne se trouvent plus.
>
> B. DE St-PIERRE.

Exceptions :

1° Quand ils désignent des personnes semblables par le mérite, la vertu ou les vices à ceux qui les ont portés :

> Un Auguste, aisément, peut faire des Virgiles.
>
> BOILEAU.

2° Quand ils désignent une classe d'individus, une famille illustre, etc. :

> Tels étaient ces d'Aumonts, ces grands Montmorencys,
> Ces Créquis si vantés, renaissants dans leurs fils.
>
> VOLTAIRE.

— Les mots invariables de leur nature comme infinitifs, adverbes, prépositions, etc., ne prennent point la marque du pluriel quand ils sont employés substantivement :

> Les si, les car, les contrats sont la porte
> Par où la noise entra dans l'univers.
>
> LA FONTAINE.

— Les noms les plus usités qui, empruntés des langues étrangères, prennent la marque du pluriel, sont : *alto, bravo, duo, trio, soprano, concerto, bolero, folio, numéro, zéro, mémento, recto, verso, quiproquo, visa, agenda, album, factum, forum, pensum, spécimen, examen, accessit, déficit, impromptu.*

Les noms les plus usités qui, empruntés des langues étrangères, ne prennent pas la marque du pluriel, sont : *alibi, alinéa, alleluia, vivat, credo, lavabo, veto, incognito, in-folio, in-quarto, in-octavo, post-scriptum, aparté.*

— Dans les substantifs composés, le nom et l'adjectif prennent seuls la marque du pluriel (*).

Nous vîmes des poissons-volants.
B. DE St-PIERRE.

Les pigeons polonais sont plus gros que les pigeons-paons.
BUFFON.

Exceptions :

1° Dans un mot composé de deux noms unis par une préposition, le deuxième ne prend pas la marque du pluriel :

J'ai passé ma journée avec des aides-de-camp.
CHATEAUBRIAND.

2° La signification et le sens particulier de chaque mot sont le seul guide pour l'accord dans beaucoup de substantifs composés :

Un *appui-main*, des *appuis-main*, c'est-à-dire des appuis pour la main ;

Un *hôtel-Dieu*, des *hôtels-Dieu*, des hôtels à Dieu ;

Un *bec-figue*, des *bec-figues*, des oiseaux dont le bec pique les figues ;

Un *coq-à-l'âne*, des *coq-à-l'âne*, des conversations sans suite aucune, où l'on passe du coq à l'âne ;

(*) Voir Gramm. nation., n° 53, la liste alphabétique des noms composés.

Un *pied-à-terre*, des *pied-à-terre*, des logements où l'on met pied à terre ;

Un *tête-à-tête*, des *tête-à-tête*, des entrevues où l'on est tête à tête ;

Un *blanc-seing*, des *blanc-seings*, des signatures apposées sur des papiers laissés en blanc ;

Un *terre-plein*, des *terre-pleins*, des lieux pleins de terre ;

Un *chevau-léger*, des *chevau-légers*, des cavaliers d'un corps de troupes légères ;

Un *contre-poison*, des *contre-poisons*, des remèdes contre les poisons ;

Un *réveille-matin*, des *réveille-matin*, des horloges qui reveillent le matin ;

Un *cure-dents*, des *cure-dents*, un instrument pour se curer les dents ;

Un *porte-clefs*, des *porte-clefs*, celui, ceux qui portent les clefs.

Lorsque deux noms sont unis par les prépositions *de, à, en*, le second se met au singulier quand il est pris dans un sens absolu, général, et au pluriel quand il est pris dans un sens individuel ou collectif :

Il vit chargé de gloire, accablé de douleurs.

RACINE.

La loutre est un animal vorace, plus avide de poisson que de chair.

BUFFON.

La différence qui se trouve d'homme à homme se fait encore plus sentir de peuple à peuple.

MARMONTEL.

Corsaires à corsaires,
L'un, l'autre, s'attaquant, ne font pas leurs affaires.

LA FONTAINE.

Nous marchons d'abîmes en abîmes.

VOLTAIRE.

Destin, tu l'as voulu ! c'est d'abîme en abîme
Que tu conduits Atrée à ce comble du crime.

VOLTAIRE.

# ACCORD DE L'ADJECTIF.

— L'adjectif s'accorde en genre et en nombre avec le nom auquel il se rapporte :

> Le dernier moment qui terminera ma vie, décidera de mes destinées éternelles.

MASSILLON.

Exceptions :

1º *Nu* placé devant un substantif, désignant une partie du corps ordinairement couverte, comme *pieds, jambes, cou, tête,* reste invariable :

> Il était nu-tête et nu-jambes.

VOLTAIRE.

> Accoutumez les enfants à demeurer toujours tête-nue.

J.-J. ROUSSEAU.

2º *Demi* placé devant un substantif reste invariable :

> Une demi-heure après avoir quitté le vaisseau, je foulai le sol américain.

CHATEAUBRIAND.

> Opimius paie la tête de C. Grachus dix-sept livres et demie d'or.

VERTOT.

Employé comme nom, il prend la marque du pluriel :

> Cette horloge sonne les heures et les demies.

ACADÉMIE.

3° *Feu* reste invariable quand il n'est pas immédiatement placé avant le substantif :

J'ai oui dire à feu ma sœur que ta fille et moi naquîmes le même jour.

MONTESQUIEU.

Il doit à la bienveillance dont l'honorait la feue Reine les bonnes grâces de
l'Empereur.

DE SALVANDY.

4° *Excepté, supposé, passé, vu, ci-joint, ci-inclus,*
etc., sont invariables quand ils sont placés devant le substantif ou au commencement de la
phrase :

Vous trouverez ci-joint la copie de la lettre.

J.-J. ROUSSEAU.

Ce dessin m'a été envoyé avec la description ci-jointe.

BUFFON.

— L'adjectif qui se rapporte à deux ou plusieurs
substantifs se met au pluriel ; et si les substantifs sont
de différents genres, il se met au masculin (*) :

L'orgueil aveugle se suppose une grandeur et un mérite démesurés.

SÉGUR.

Exceptions :

L'adjectif s'accorde avec le dernier substantif,
1° Quand les substantifs sont synonymes :

Toute sa vie n'a été qu'un travail, qu'une occupation continuelle.

MASSILLON.

2° Quand les substantifs sont placés par gradation :

Mais le fer, le bandeau, la flamme est toute prête.

RACINE.

(*) Ordinairement, alors, on place le substantif masculin le dernier.

4.

3° Quand les substantifs sont liés par *et, ou*, et qu'on ne veut qualifier que le dernier :

Voici des êtres dont la taille et l'air sinistre respirent la terreur.

BARTHÉLEMY.

C'est une aire ou un plancher tout plat comme celui du grand aigle.

BUFFON.

4° Quand les substantifs sont séparés par *ainsi que, comme, avec, aussi bien que, de même que, non plus que*, et qu'on établit une comparaison, l'adjectif s'accorde avec le dernier (*) :

La vérité comme la lumière est inaltérable, immortelle.

B. DE St-PIERRE.

## Règles particulières.

— Les adjectifs employés pour modifier un verbe font la fonction d'un adverbe et restent invariables :

Mère écrevisse, un jour, à sa fille disait :
Comme tu vas, bon Dieu ! tu ne peux marcher droit.

LA FONTAINE.

De ma vie je n'ai entendu des voix de femmes monter si haut.

Mme DE SÉVIGNÉ.

— Deux adjectifs unis par un trait-d'union,
1° S'accordent tous les deux quand ils modifient tous les deux le substantif :

C'étaient comme autant de gros points d'une couleur jaune-brune.

BUFFON.

(*) Mais si *ainsi que, comme, avec*, etc., marquent union, l'adjectif suit pour l'accord la règle générale :

Bertrand avec Raton, l'un singe et l'autre chat,
Commensaux d'un logis, avaient un commun maître.

LA FONTAINE.

2º Ne s'accordent ni l'un ni l'autre, quand le premier
est pris substantivement et qualifié par le
deuxième :

La couleur jaune-brun tranche si fort sur le blanc de l'œil, qu'on le juge
noir.

BUFFON.

3º L'un s'accorde et l'autre est invariable quand l'un
d'eux est employé adverbialement et modifie l'autre adjectif :

Les soies de l'éléphant sont très clair-semées sur le corps.

BUFFON.

— *Vingt* et *cent* prennent la marque du pluriel,
quand ils sont multipliés par un autre nombre et qu'ils
ne sont ni suivis d'un autre nombre, ni employés pour
*vingtième*, *centième* :

L'homme vit quatre-vingts ans, et le chien n'en vit que dix.

BUFFON.

André Doria vécut jusqu'à quatre-vingt-quatorze ans.

VOLTAIRE.

Cent personnes racontent le fait en cent façons différentes.

LA BRUYÈRE.

L'Allemagne était divisée dès l'an quinze cent en dix cercles.

VOLTAIRE.

— *Même* est adjectif ou adverbe (*) :

1º *Même* est adjectif et s'accorde quand il détermine
un substantif ou un pronom, et alors il est placé

(*) *Nul, aucun, maint,* que la plupart des grammairiens soumettent
à des règles arbitraires, suivent les lois générales de l'accord. La Fontaine, La Bruyère, Racine, Bossuet, Buffon, Voltaire, en fournissent
des exemples. Voir Gramm. nation., nº 205, 206, 207, 208.

ordinairement devant un substantif, après un pronom ou après un article :

Les peuples et les grands n'ont ni les mêmes vertus, ni les mêmes vices.

VAUVENARGUES.

Qu'il est grand d'être toujours plus fort que soi-même.

MASSILLON.

Les symptômes ne furent pas partout les mêmes.

SISMONDI.

2° *Même* est adverbe et invariable quand il modifie
un verbe, un adjectif ou un autre adverbe, et
alors il peut se traduire par *aussi, encore* :

Il faut être en garde contre les écrivains même accrédités.

B. DE St-PIERRE.

— *Quelque* est adjectif ou conjonction :

1° *Quelque* est adjectif et s'accorde quand il est suivi
d'un substantif ou d'un adjectif immédiatement
suivi d'un substantif :

Quelques prix glorieux qui me soient réservés.

RACINE.

Quelques vains lauriers que promette la guerre,
On peut être héros sans ravager la terre.

BOILEAU.

2° *Quelque* est conjonction et invariable dans les autres cas :

Quelque puissants qu'ils soient, je ne les crains point.

ACADÉMIE.

— *Tout* est adjectif, pronom et adverbe :

1° *Tout* est adjectif et s'accorde quand il est placé devant un substantif qu'il détermine :

En toute chose, il faut considérer la fin.

LA FONTAINE.

2° *Tout* est pronom et s'accorde quand il tient la place d'un nom :

Le temps nous trompe tous.

DE BOUFFLERS.

3° *Tout* est adverbe et invariable quand il modifie un verbe, un adjectif ou un autre adverbe, et alors il peut se traduire par *tout-à-fait, quoique, quelque, si*, etc. :

Pour vous, vous méritez tout une autre fortune.

LA FONTAINE

Là, bornant son discours, encore tout écumante,
Elle souffle aux guerriers l'esprit qui la tourmente.

BOILEAU.

Mais *tout*, quoique adverbe, s'accorde pour l'euphonie quand il est placé devant un adjectif féminin commençant par une consonne ou une *h* aspirée :

Cette personne est toute heureuse.

ACADÉMIE.

— *Le*, devant *plus, mieux, moins*, est tantôt article et tantôt forme une locution adverbiale :
1° Il est article et s'accorde quand il exprime un superlatif relatif :

La ruse la mieux ourdie
Peut nuire à son inventeur.

LA FONTAINE.

2° Il est locution adverbiale avec *plus, mieux, moins*, et invariable quand il exprime un superlatif absolu ; alors il signifie, *au plus haut point, au plus haut degré :*

A l'endroit où le monstre a la peau le plus tendre.

LA FONTAINE.

## ACCORD DU PRONOM.

— Le pronom s'accorde en genre, en nombre et en personne avec le substantif dont il tient la place :

Moi, je pourrais trahir le Dieu que j'aime !

RACINE.

Quelques rayons de miel sans maître se trouvèrent.

LA FONTAINE.

On voit les maux d'autrui d'un autre œil que les siens.

CORNEILLE.

Pour le genre et le nombre le pronom suit les règles d'accord de l'adjectif, et pour la personne les règles d'accord du verbe. — Toutes les difficultés particulières à l'accord du pronom consistent à établir quel est le substantif dont le pronom tient la place.

— *Le*, pronom, est tantôt variable et tantôt invariable :

1º Il est variable quand il tient la place d'un adjectif pris substantivement ou d'un substantif déterminé (*) :

Miracle ! criait-on : venez voir dans les rues
    Passer la reine des tortues.
La reine ! — Vraiment oui ; je la suis, en effet.

LA FONTAINE.

(*) La clarté et la précision ont quelquefois fait déroger à cette règle Fénélon, Corneille, Racine, etc.

Quand je me fais justice, il faut qu'on se la fasse.

RACINE.

Il ne suffit pas d'avoir raison : c'est la gâter, c'est la déshonorer que de la soutenir d'une manière brusque et soudaine.

FÉNÉLON.

2° Il est invariable quand il tient la place d'un substantif pris adjectivement, d'un adjectif, d'un
participe indéterminés :

Les pauvres sont moins souvent malades faute de nourriture, que les
riches ne le deviennent pour en prendre trop.

FÉNÉLON.

# ACCORD DU VERBE.

— Le verbe s'accorde en nombre et en personne
avec son sujet (*) :

Dieu protége l'innocence.

RACINE.

— Le verbe se met au pluriel si le sujet renferme plusieurs substantifs, plusieurs pronoms ou
plusieurs infinitifs :

Patience et longueur de temps
Font plus que force ni que rage.

LA FONTAINE.

Exceptions :

Le verbe se met au singulier (**),

(*) Quelquefois le sujet est au singulier et le verbe est au pluriel :

Tout ce qui reste encor de fidèles Hébreux
Lui viendront aujourd'hui renouveler leurs vœux.

RACINE.

Sa maladie sont des vapeurs.

Mᵐᵉ DE SÉVIGNÉ.

L'effet du commerce sont les richesses.

MONTESQUIEU.

(**) L'emploi du verbe au singulier s'explique par l'ellipse du verbe
après chaque substantif ou chaque pronom ; le verbe exprimé n'a réellement alors pour sujet que le dernier substantif ou pronom, et ces exceptions rentrent au fond dans la première règle.

1º Quand les substantifs sont synonymes :

> L'amour du travail, le goût de l'étude est un bien.
>
> MARMONTEL.

2º Quand ils sont placés par gradation (*) :

> Mais le fer, le bandeau, la flamme est toute prête.
>
> RACINE.

3º Quand les substantifs sont suivis de *tout*, *rien*, *personne*, *nul*, *aucun*, *chacun*, etc. (**) :

> Femmes, moines, vieillards, tout était descendu.
>
> LA FONTAINE.

4º Quand les substantifs sont précédés de *tout*, *chaque*, *quelque*, répétés :

> Chaque vers, chaque mot court à l'événement.
>
> BOILEAU.

5º Quand les substantifs sont séparés par *comme*, *ainsi que*, *de manière que*, *aussi bien que*, *avec*, etc., et qu'on établit une comparaison (***) :

> La vérité comme la lumière est inaltérable.
>
> B. de St-PIERRE.

---

(*) On trouve plusieurs exemples contraires à ces deux exceptions :

> Le plaisir turbulent, la joie immodérée,
> Des heureux vendangeurs terminent la soirée.
>
> DELILLE.

> L'ambition, l'amour, l'avarice, la haine,
> Tiennent comme un forçat notre esprit à la chaîne.
>
> BOILEAU.

(**) Quelques exemples contraires ne sont pas à imiter.

(***) Mais si *ainsi que*, *comme*, *avec*, etc., marquent union, on met le verbe au pluriel :

> Le singe avec le léopard
> Gagnaient de l'argent à la foire.
>
> LA FONTAINE.

6° Quand le sujet est *l'un* ou *l'autre* :

> L'un ou l'autre achèvera mes peines.
>
> CORNEILLE

## Le verbe se met au singulier ou au pluriel (\*),
1° Quand les substantifs sont séparés par *ou, ni :*

> Ni l'or, ni la grandeur ne nous rendent heureux.
>
> LA FONTAINE.

> Sainte ni saint n'était en paradis
> Qui de ses vœux n'eût la tête étourdie.
>
> LA FONTAINE.

> La peur ou le besoin font tous les mouvements de la souris.
>
> BUFFON.

> La vivacité ou la langueur des yeux fait un des principaux caractères
> de la physionomie.
>
> BUFFON.

2° Quand le sujet est *l'un et l'autre, ni l'un ni l'autre,*
*l'un ni l'autre* (\*\*) :

> A suivre ce grand chef l'un et l'autre s'apprête.
>
> BOILEAU.

> L'un et l'autre, à mon sens, ont le cerveau troublé.
>
> BOILEAU.

---

(\*) On met le pluriel quand on considère les susbstantifs d'une manière collective, et le singulier quand on les considère séparément, avec ellipse du verbe après chaque substantif.

On trouve plusieurs exemples du verbe au singulier avec deux substantifs séparés par *et* pour sujet :

> Le bien et le mal est en ses mains.
>
> LA BRUYÈRE.

> La piété et la droiture lui attire ce respect.
>
> BOSSUET.

(\*\*) Aujourd'hui les écrivains préfèrent le pluriel avec l'un et l'autre.

— Le verbe se met à la personne qui a la priorité si le sujet renferme des substantifs ou des pronoms de différentes personnes ; la 1<sup>re</sup> personne a la priorité sur la 2<sup>e</sup>, et la 2<sup>e</sup> sur la 3<sup>e</sup> :

> Prenons, vous et moi, un de ces grands bancs de rameurs.
> FÉNÉLON.

## Règles particulières.

— Le verbe se met au singulier quand il a pour sujet,
1° Un collectif général (*) :

> L'infinité des perfections de Dieu m'accable.
> ACADÉMIE.

2° *Plus d'un* (**) :

> Plus d'un charmant ouvrage était perdu pour moi.
> DELILLE.

— Le verbe se met au pluriel quand il a pour sujet,
1° Un collectif partitif suivi d'un nom pluriel (***) :

> Un nombre infini d'oiseaux faisaient résonner ces bocages.
> FÉNÉLON.

2° Quand le sujet est *la plupart*, et les adverbes de quantité *peu, beaucoup, assez, moins, plus, trop, tant, combien*, et *que* mis pour *combien :*

> Tant de coups imprévus m'accablent à la fois !
> RACINE.

---

(*) On trouve très peu d'exemples contraires.

(**) Mais si *plus d'un* est répété, le verbe se met au pluriel :

> Plus d'un brave guerrier, plus d'un vieux sénateur,
> Rappelaient vos beaux jours.
> DESTOUCHES.

(***) On trouve de nombreux exemples où le verbe s'accorde avec le collectif :

> Une nuée de traits obscurcit l'air.
> FÉNÉLON.

— Le verbe qui a pour sujet un *qui* relatif s'accorde avec ce *qui* relatif, et le *qui* relatif, pour son accord avec l'antécédent, est soumis aux règles précédentes :

C'est votre orgueil et votre emportement qui vous trompaient.

FÉNÉLON.

Ces beautés immortelles montrent une innocence, une modestie, une simplicité qui charment.

FÉNÉLON.

En quelque endroit que j'aille, il faut fendre la presse
D'un peuple d'importuns qui fourmillent sans cesse.

BOILEAU.

Le petit nombre de citoyens qui gouverne cherche à se maintenir contre le grand nombre qui obéit.

BARTHÉLEMY.

### *Accord du verbe* ÊTRE *précédé de* CE.

— Le verbe *être* précédé de *ce* se met tantôt au singulier et tantôt au pluriel.

Il se met au singulier,

1° Quand il est suivi d'un substantif singulier :

Ce fut ici le commencement des miracles de Jésus-Christ.

BOSSUET.

2° Quand il est suivi d'une préposition et d'un substantif pluriel :

C'était bien de chansons qu'alors il s'agissait.

LA FONTAINE.

3° Quand il est suivi d'un pronom personnel, excepté *eux*, *elles* :

C'est vous-mêmes que tous les peuples accuseront.

FÉNÉLON.

Il se met au pluriel,

1° Quand il est suivi d'un substantif pluriel (*) :

> Ce furent les Phéniciens qui, les premiers, inventèrent l'écriture.
>
> BOSSUET.

2° Quand il est suivi de plusieurs substantifs :

> C'étaient le linot, le serin,
> Le rouge-gorge et le tarin.
>
> FLORIAN.

3° Quand il est suivi de *eux*, *elles :*

> Ce sont eux que l'on voit.
>
> BOILEAU.

---

# ACCORD DU PARTICIPE.

### PARTICIPE PASSÉ.

Le participe passé s'emploie sans auxiliaire ou avec l'auxiliaire.

1° Sans auxiliaire, il s'accorde, comme l'adjectif, en genre et en nombre avec le nom auquel il se rapporte :

> Voyez ce papillon échappé du tombeau.
>
> DELILLE.

---

(*) Dans ces trois derniers cas, on trouve de nombreux exemples avec le singulier :

> L'aliment de l'âme, c'est la vérité et la justice.
>
> FÉNÉLON.
> C'est eux qui ont bâti ce superbe labyrinthe.
>
> BOSSUET.
> C'était les petites îles qui se trouvent sur les côtes d'Italie.
>
> BUFFON.

2° Avec l'auxiliaire il est soumis aux quatre règles suivantes.

— Le participe passé du verbe actif et le participe passé du verbe pronominal s'accordent avec le complément direct quand ils en sont précédés, et restent invariables quand ils en sont suivis ou qu'ils n'en ont pas (*) :

Toutes les dignités que tu m'as demandées,
Je te les ai sur l'heure et sans peine accordées.

CORNEILLE.

J'estime, après tout, que ce sont des fautes dont ils ne se sont pas souciés.

BOILEAU.

A quel tourment nouveau me suis-je réservée.

RACINE.

Les Asiatiques se sont fait une espèce d'art de l'éducation des éléphants.

BUFFON.

— Le participe passé du verbe passif s'accorde toujours avec le sujet :

Le fer est émoussé, les bûchers sont éteints.

VOLTAIRE.

— Le participe passé du verbe neutre s'accorde avec son sujet quand il est conjugué avec l'auxiliaire *être* et reste invariable quand il est conjugué avec l'auxiliaire *avoir* (**) :

---

(*) 1° Tous les verbes pronominaux essentiels, excepté *s'arroger*, ont toujours pour complément direct le pronom qui les précède immédiatement.

2° les verbes pronominaux accidentels formés d'un verbe neutre ne peuvent avoir de complément direct et sont toujours invariables.

(**) Parmi les verbes neutres, un grand nombre, comme *dormir, courir, paraître, succomber, survivre*, prennent l'auxiliaire *avoir*; sept : *aller, arriver, décéder, éclore, mourir, naître* et *venir*, prennent l'auxiliaire *être*; quarante-neuf : *aborder, accourir, accroître, apparaître, disparaître, échapper*, etc., prennent l'auxiliaire *être* quand ils expriment l'*état*, et l'auxiliaire *avoir* quand ils expriment l'*action*.

C'est à l'ombre des lois que tous les arts sont nés.

THOMAS.

Où la mouche a passé le moucheron demeure.

LA FONTAINE.

— Le participe passé du verbe unipersonnel est toujours invariable :

Les chaleurs excessives qu'il a fait ont causé beaucoup de maladies.

CONDILLAC.

## OBSERVATIONS.

Les difficultés que présente l'application de ces règles se réduisent à des difficultés d'analyse et peuvent se distribuer en trois classes :

### 1° Reconnaître la nature du verbe.

Les moyens mécaniques que nous avons indiqués dans les notes de la première partie, sont des aide-mémoire très utiles pour se rendre compte des divers emplois que l'usage fait du verbe.

Nous donnons ici quelques verbes sur lesquels les grammairiens ont formulé des règles et des observations.

— *Courir, crier, pleurer, parler, valoir, coûter,* généralement neutres, sont quelquefois actifs comme dans les exemples suivants :

Il n'a pas oublié les dangers qu'il avait courus.

FÉNÉLON.

Les meubles que l'huissier a criés.

LEMARE.

Achevez, Achorée,
L'histoire d'une mort que j'ai déjà pleurée.

CORNEILLE.

L'évêque de Meaux a créé une langue que lui seul a parlée.

CHATEAUBRIAND.

Les honneurs que j'ai reçus,
C'est mon habit qui me les a valus.

J.-J. ROUSSEAU.

Après tous les ennuis que ce jour m'a coûtés.

RACINE.

— *Vivre, dormir, durer, croupir, languir, gémir, régner*, etc., sont des verbes neutres, et le *que* qui les précède quelquefois n'est point leur régime direct, mais le régime de *pendant* sous-entendu :

Je regrette les nombreuses années que j'ai vécu sans pouvoir m'instruire.

J.-J. ROUSSEAU.

Que de bien n'a-t-elle pas fait pendant le peu de temps qu'elle a régné.

FLÉCHIER.

Toutes les heures que vous avez dormi, je les ai passées à écrire.

BESCHER.

L'Allemagne a couru les plus grands dangers pendant les années que dura cette guerre.

DE PRADT.

— *Plaire* et ses composés, *complaire, déplaire*, sont neutres :

Les poètes épiques se sont toujours plu à nous décrire des batailles.

VOLTAIRE.

## 2° Reconnaître la nature du sujet et du complément.

— *En*, pronom, n'influe en rien sur le participe. La plupart des grammairiens le regardent toujours comme complément indirect ; quelques-uns en font un complément direct, mais, alors même, ils le font masculin singulier :

Le Télémaque a fait quelques imitateurs, les Caractères de La Bruyère en ont produit davantage.

VOLTAIRE.

— *L'*, pronom, représentant un membre de phrase, est masculin singulier ; alors il peut se traduire par *cela* ; mais *l'*, représentant un substantif, prend avec le participe le genre et le nombre de ce substantif :

> La vertu était aussi pure qu'on l'avait cru jusqu'alors.
>
> VERTOT.

> Je l'ai vue à la fin cette grande cité.
>
> J.-J. ROUSSEAU.

— *Combien de, que de, quel, quelle*, suivis d'un substantif, peuvent être avec ce substantif complément direct du verbe qui suit :

> Quelle guerre intestine avons-nous allumée.
>
> RACINE.

> Combien de devoirs en un jour j'ai trahis.
>
> VOLTAIRE.

Les règles que quelques grammairiens établissent sur l'accord du participe, quand le pronom relatif a pour antécédent *ce* ou un collectif, rentrent dans les règles précédentes. Le participe s'accorde avec le pronom relatif, et toute la difficulté consiste à reconnaître l'antécédent.

*Le peu* (la petite quantité) *d'application qu'il a donnée à l'étude a suffi pour le faire avancer rapidement. Application* est l'antécédent du *que* relatif.

*Le peu* (le manque, le défaut) *d'application qu'il a donné à l'étude est la seule cause de son ignorance.* Le *peu* est l'antécédent du *que* relatif.

*C'est sa fille qu'il a déshérité. Ce* est l'antécédent du *que* relatif, si l'on répond à cette question : *Qui a-t-il déshérité ?*

*C'est sa fille qu'il a déshéritée. Fille* est l'antécédent du *que* relatif, si l'on répond à cette question : *Quelle est cette personne ?*

*C'est un des plus savants médecins* (entre les médecins) *qu'il a consultés. Médecins* est l'antécédent du *que* relatif.

*C'est un* (médecin) *des plus savants médecins que j'ai consulté. Un* (médecin) est l'antécédent du *que* relatif.

*Est-ce un cerf ou une biche qu'il a tué? Ce* est l'antécédent du *que* relatif : *Un cerf ou une biche est ce qu'il a tué?*

**3° Reconnaître à quel verbe appartient le complément direct quand il y a deux verbes dans la phrase.**

**1°** Si le deuxième verbe est neutre, le complément direct appartient au premier :

> Allez, dis-je, et sachez quel lieu les a vus naître.
>
> VOLTAIRE.

**2°** Si le premier verbe est neutre, le complément direct appartient au deuxième :

> Je vous envoie les livres que vous avez paru désirer.
>
> GIRAULT-DUVIVIER.

**3°** Si les deux sont actifs et que le deuxième soit suivi d'un complément direct, il appartient au premier :

> Je l'ai vue à genoux consacrer ses fureurs.
>
> RACINE.

**4°** Si les deux verbes sont actifs et que le deuxième ne soit point suivi d'un complément direct, on fait les questions *qui, quoi*, après chaque verbe, ou bien l'on essaie de construire la phrase en mettant le deuxième verbe au participe présent :

> Croyez-moi, les humains, que j'ai trop su connaître,
> Méritent peu, mon fils, qu'on veuille être leur maître.
>
> VOLTAIRE.

> Ces airs que j'ai entendu chanter.
>
> MARMONTEL.

5

J'ai su, quoi? *connaître ; connaître*, qui? les humains. *Que* est donc le complément direct de *connaître*, et *connaître* le complément direct de *su*.

On tourne : *les airs que j'ai entendu chantant.* Les airs ne chantent pas, mais sont chantés; donc *que* est le complément direct de *chanter.*

— Après les participes *voulu, pu, dû, permis*, on sous-entend quelquefois l'infinitif :

Il a été libre de mettre en cet abandon la condition qu'il a voulu (*mettre*).

SIREY.

Je lui ai lu mon épître très-posément, jetant dans ma lecture toute la force et tout l'agrément que j'ai pu (*y jeter*).

BOILEAU.

— Le participe passé entre deux *que* a toujours pour complément direct le membre de phrase qui suit :

La lettre que j'ai présumé que vous m'écririez.

MARMONTEL.

— Le participe *fait* suivi d'un infinitif est toujours invariable :

Les généraux de Justinien s'étaient fait battre sur la frontière de Perse.

DE SÉGUR.

---

## PARTICIPE PRÉSENT.

— Le participe présent est toujours invariable.

Il ne faut pas le confondre avec l'adjectif verbal qui s'accorde.

Le participe présent marque une action, et l'adjectif verbal une qualité, un état, une manière d'être :

Seule, errant à pas lents sur l'aride rivage,
La corneille enrouée appelle aussi l'orage.

DELILLE.

Il y a des peuples qui vivaient errants dans les déserts.

B. DE St-PIERRE.

## OBSERVATIONS.

— Le mot en *ant* marque une action et est participe présent,

1º Quand il a un complément direct :

> Cette réflexion embarrassant notre homme,
> On ne dort pas, dit-il, quand on a tant d'esprit.
>
> LA FONTAINE.

2º Quand il est précédé de *en* ou qu'on peut l'en faire précéder :

> Et l'assiette (*en*) volant
> S'en va frapper le mur et revient en roulant.
>
> BOILEAU.

3º Quand il est accompagné d'une négation :

> C'est une personne d'un naturel doux, jamais
> Ne grondant, ne contrariant, ne désobligeant.
>
> BESCHER.

4º Quand en décomposant le mot on peut le remplacer par *qui, lorsque, parce que* et un des temps du verbe :

> Les animaux vivant (*qui vivent*) d'une manière plus conforme à la nature, doivent être sujets à moins de maux que nous.
>
> J.-J. ROUSSEAU.

— Le mot en *ant* marque un état et est adjectif verbal,

1º Quand on peut le faire précéder de *très, plus, moins* sans altérer le sens :

> Il n'y a que les âmes (*très, plus*) aimantes qui soient propres à l'étude de la nature.
>
> B. DE St-PIERRE.

2° Quand il est uni à un adjectif par *et, ou* :

> Surprise et tremblante à vos pieds,
> Je baisse en frémissant mes regards effrayés.
>
> VOLTAIRE.

3° Quand, en le décomposant, on peut le faire précéder de *qui* avec un temps du verbe *être* :

> Je vois ces murs sanglants, ces portes embrasées,
> Sous ces lambris fumants, ces femmes écrasées.
> (Qui sont *sanglants,* qui sont *fumants.*)
>
> VOLTAIRE.

# FIGURES DE SYNTAXE.

On appelle *figures de syntaxe* des constructions de phrases qui s'écartent de l'ordre naturel et direct, et qui servent à donner plus de force, de vivacité et de grâce au discours.

Les principales figures de syntaxe sont : l'*ellipse*, le *pléonasme*, la *syllepse* et l'*inversion*.

## Ellypse.

L'*ellypse* consiste à supprimer un ou plusieurs mots afin d'ajouter à la précision sans nuire à la clarté :

Regardez bien, ma sœur,
Est-ce assez? (*ma sœur*) dites-moi; n'y suis-je point encore?
Nenni (*vous n'y êtes pas*). — M'y voici donc? — (*Vous n'y êtes*) Point
du tout. — M'y voilà? —
Vous n'en approchez point.                           LA FONTAINE.

## Pléonasme.

Le *pléonasme* consiste à se servir de mots qui sont inutiles pour le sens, mais qui donnent à la phrase plus de force et de grâce :

L'argent, l'argent, dit-on, sans lui tout est stérile.   BOILEAU.

## Syllepse.

La *syllepse* consiste à faire rapporter un mot à un autre mot plutôt par la pensée que d'après les règles grammaticales :

Entre le pauvre et vous, vous prendrez Dieu pour juge,
Vous souvenant, mon fils, que caché sous ce lin,
Comme *eux* vous fûtes pauvre, et comme eux orphelin.   RACINE.

## Inversion.

L'*inversion* consiste à changer l'ordre logique des mots dans le discours :

Du palais d'un jeune lapin,
Dame belette, un beau matin,
S'empara : c'est une rusée.                       LA FONTAINE.

## ANALYSE LOGIQUE.

L'analyse logique fait connaître les phrases, les propositions, les parties constituantes des propositions et les rapports logiques qui les unissent.

Une phrase est une réunion de mots construits de manière à former un sens complet.

Les phrases sont formées de propositions.

Toute proposition renferme essentiellement trois parties : le *sujet*, le *verbe* et l'*attribut*.

### 1° Parties constituantes de la Proposition.

#### SUJET.

Le sujet logique est l'objet sur lequel on porte un jugement.

On exprime le sujet par un ou plusieurs noms, pronoms, infinitifs.

— Le sujet est *simple* ou *composé*, *complexe* ou *incomplexe* ;

1° *Simple*, quand il est exprimé par un seul nom, un seul pronom ou un seul infinitif :

> La mort ne surprend point le sage ;
> Il est toujours prêt à partir.
>
> LA FONTAINE.

2° *Composé*, quand il est exprimé par plusieurs noms, plusieurs pronoms ou plusieurs infinitifs :

> Patience et longueur de temps
> Font plus que force ni que rage.
>
> LA FONTAINE

3° *Complexe*, quand il a un complément :

> Aucun chemin de fleurs ne conduit à la gloire.
>
> LA FONTAINE.

4º *Incomplexe*, quand il n'a pas de complément :

> Une grenouille vit un bœuf
> Qui lui sembla de belle taille.
>
> LA FONTAINE.

## VERBE.

Le verbe unit l'attribut au sujet et affirme que la qualité exprimée par l'attribut convient au sujet.

Le verbe est toujours le verbe *être*, soit exprimé distinctement, soit compris dans les verbes attributifs.

On décompose les verbes attributifs en mettant le verbe *être* au même temps et à la même personne, et en le faisant suivre du participe présent du verbe attributif : *Je lis, je suis lisant ; je recevrais, j'étais recevant.*

## ATTRIBUT.

L'attribut indique la manière d'être du sujet, la qualité qu'on juge lui appartenir.

On exprime l'attribut par un ou plusieurs adjectifs, participes, noms, pronoms, infinitifs.

— L'attribut est *simple* ou *composé*, *complexe* ou *incomplexe* ;

1º *Simple*, quand il est exprimé par un seul adjectif, un seul participe, un seul nom, etc :

> Un prince est le dépositaire des lois et de la justice.
>
> LA BRUYÈRE.

2º *Composé*, quand il est exprimé par plusieurs adjectifs, par plusieurs participes, etc. :

> Les Tyriens sont industrieux, patients, laborieux, propres, sobres, ménagers.
>
> FÉNÉLON.

3° *Complexe*, quand il a un complément :

Les arts sont les enfants de la nécessité.

LA FONTAINE.

4° *Incomplexe*, quand il n'a pas de complément :

La fourmi n'est pas prêteuse.

LA FONTAINE.

## COMPLÉMENT.

On exprime le complément logique par un ou plusieurs noms, adjectifs, pronoms, verbes, etc.

Il comprend, avec les compléments ou régimes indiqués dans l'analyse grammaticale, le complément modificatif.

Le complément modificatif est formé par un ou plusieurs adjectifs, participes, noms, etc., sans proposition, et même quelquefois par une ou plusieurs propositions secondaires.

| | | |
|---|---|---|
| Sujet. | Simple. | Complexe. |
| | Composé. | Incomplexe. |
| Verbe. | | |
| Attribut. | Simple. | Complexe. |
| | Composé. | Incomplexe. |

## 2° **Propositions.**

Une proposition est l'énonciation d'un jugement.

Il y a dans une phrase autant de propositions qu'il y a de verbes à un mode personnel.

Les propositions peuvent être considérées en elles-mêmes ou dans les rapports de dépendance qui les unissent.

1° Considérées en elles-mêmes, les propositions sont *pleines, elliptiques, explétives, directes ou indirectes.*

La proposition est *pleine* quand les trois termes essentiels sont exprimés :

> Un agneau se désaltérait
> Dans le courant d'une onde pure.
>
> LA FONTAINE.

La proposition est *elliptique* quand un des termes est sous-entendu :

> (*Vous*) Travaillez, (*vous*) prenez de la peine :
> C'est le fonds qui manque le moins.
>
> LA FONTAINE.

La proposition est *explétive* quand l'un des termes est répété par pléonasme :

> Un mal qui répand la terreur,
> Mal que le ciel en sa fureur
> Inventa pour punir les crimes de la terre ;
>
> LA FONTAINE.

La proposition est *directe* quand les parties constituantes sont disposées dans l'ordre logique, c'est-à-dire sujet et ses compléments, verbe, attribut et ses compléments :

> Une grenouille vit un bœuf
> Qui lui sembla de belle taille.
>
> LA FONTAINE.

La proposition est *indirecte* quand les parties constituantes ne sont pas disposées dans l'ordre logique :

> Sur la branche d'un arbre était en sentinelle
> Un vieux coq, adroit et matois.
>
> LA FONTAINE.

2° Considérées dans les rapports de dépendance qui les unissent, les propositions sont *isolées, princi-*

5.

*pales* ou *secondaires*; les propositions secondaires sont *subordonnées* ou *incidentes*; les propositions incidentes sont *incid. explicatives* ou *incid. déterminatives*.

Une proposition est *isolée* quand elle constitue seule une phrase :

Dieu protége l'innocence.

RACINE.

Une proposition ne peut être principale qu'autant qu'elle est unie à une ou plusieurs propositions secondaires pour constituer une phrase.

La proposition *principale* est seule indépendante dans la phrase, et c'est d'elle que dépendent les autres propositions :

Le monde est plein de gens qui ne sont pas plus sages.

LA FONTAINE.

Les propositions *secondaires* dépendent soit de la proposition principale, soit d'un des termes de toute autre proposition.

La proposition *subordonnée* dépend de la proposition principale, dont elle est comme la preuve, la raison, la conséquence ou le développement :

Le monde est plein de gens qui ne sont pas plus sages;
Tout bourgeois veut bâtir comme les grands seigneurs;
Tout petit prince a des ambassadeurs;
Tout marquis veut avoir des pages.

LA FONTAINE.

La proposition *incidente* dépend du sujet ou de l'attribut d'une autre proposition.

La proposition *incidente explicative* ajoute au sujet ou à l'attribut des explications, des développements u'on peut retrancher sans détruire le sens de la phrase :

Ce loup rencontre un dogue aussi puissant que beau,
Gras, poli, qui s'était fourvoyé par mégarde.

LA FONTAINE.

La proposition *incidente déterminative* fixe, détermine la signification du sujet ou de l'attribut et ne peut être retranchée sans nuire au sens de la phrase :

Le premier qui vit un chameau
S'enfuit à cet objet nouveau.

LA FONTAINE.

| Pleine. | Directe. | Isolée. | | |
|---|---|---|---|---|
| Elliptique. | | Principale. | Subordonnée. | |
| Explétive. | Indirecte. | Secondaire. | Incidente. | Explicative. |
| | | | | Déterminative. |

---

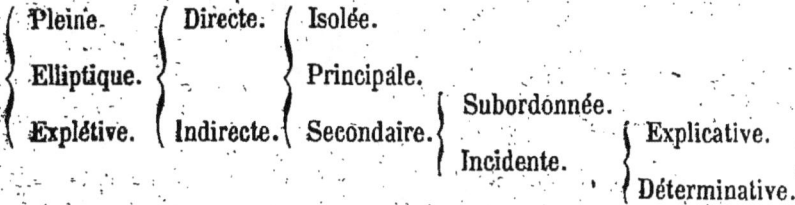

### Modèle d'analyse logique.

Est-il un seul roi qui ait emporté dans l'autre monde un fil de pourpre en signe de sa puissance ?

Cette phrase renferme deux propositions :

1re *Est-il un seul roi*
2e *Qui ait emporté dans l'autre monde*, etc.

— *Est-il un seul roi*, proposition pleine, indirecte et principale.

*est*      verbe.
*il*       sujet simpl. et incompl.
*un roi*   attribut. simpl. et compl.
*seul*     compl. modif. de *roi*.

— *qui ait emporté dans l'autre monde*, etc., proposition pleine, indirecte et incid. déterminative.

*qui*      sujet simpl. et incompl.
*ait*      pour *soit ayant*.
*soit*     verbe.
*ayant*    attrib. simpl. et compl.

*emporté dans l'autre monde,* etc., compl. modif.
de *ayant.*

*dans l'autre monde* (*)   compl. circonst. de *ayant
                            emporté.*
*un fil de pourpre*        compl. direct de *ayant
                            emporté.*
*en signe de sa puissance* compl. circonst. de *ayant
                            emporté.*

————

Demander et vouloir obtenir les grâces sans l'intercession de Marie, c'est prétendre voler sans ailes.

Cette phrase renferme une proposition.

*Demander et vouloir obtenir,* etc., prop. explétive,
direte et isolée.

*Demander et vouloir obtenir les grâces sans l'inter-
cession de Marie,* sujet, compos. et compl.

*obtenir,* compl. direct de *vouloir.*

*les grâces,* compl. direct de *demander* et de *vouloir
obtenir.*

*sans l'intercession,* compl. circonst. de *demander* et
de *vouloir obtenir.*

*de Marie,* compl. indirect. de *intercession.*

*ce,* sujet répété par pléonasme.

*est,* verbe.

*prétendre voler sans ailes,* attrib. simpl. et compl.

*voler sans ailes,* compl. direct de *prétendre.*

*sans ailes,* compl. circonst. de *voler.*

(*) On pourra faire signaler les compléments accessoires dans la plupart des analyses logiques et continuer ainsi les exercices d'analyse grammaticale, qui sont d'une utilité réelle.

# SYNTAXE.

---

## COURS INFÉRIEUR DE GRAMMAIRE

### 2e ORDRE.

### ( 5e ).

# AVIS AU MAITRE.

—

I. *Les règles qui traitent de l'emploi des modes et des temps nous paraissent d'une médiocre utilité. L'usage et la lecture que supposent des études complètes donneront mieux la pratique de ces observations grammaticales. Néanmoins on pourra les voir comme préparation à l'étude de la correspondance des temps latins et des règles du* que *retranché.*

II. *Nous avons omis les remarques que la plupart des grammairiens font sur les adverbes, les prépositions, les conjonctions* plutôt *et* plus tôt, tout-à-coup *et* tout d'un coup, tout de suite *et* de suite, voici *et* voilà, à travers *et* au travers, parce que *et* par ce que, quoique *et* quoi que, etc. *La correction des devoirs français fournira aux Maîtres l'occasion de faire plus utilement ces diverses observations d'orthographe et de synonimie; d'autant que, dans le cours inférieur de grammaire 2e ordre (5e), l'étude de la grammaire latine et de la grammaire grecque réclame une grande partie du temps consacré aux préceptes.*

*Un extrait des gasconismes corrigés, de Desgrouais, pourrait avoir dans certaines localités une utilité plus réelle.*

III. *Le petit traité de prononciation qui termine cette troisième partie de la grammaire ne saurait être de quelque utilité si le Maître ne s'attache, durant tout le cours de l'année, à donner la véritable valeur des voix et à faire remarquer, soit dans la lecture, soit dans la conversation, la violation des règles.*

———

# EMPLOI DE L'ARTICLE.

— L'article s'emploie devant les substantifs pris dans un sens déterminé, et se supprime devant les noms pris dans un sens vague, indéterminé (*) :

.Les ennemis du roi ne sont pas tous les vôtres.

RACINE.

Ta valeur te rend digne de moi ;
Mais, pour être vaillant, tu n'es pas fils de roi.

CORNEILLE.

Perrette, sur sa tête, avait un pot au lait.

LA FONTAINE.

Le Phaéton d'une voiture à foin
Vit son char embourbé.

LA FONTAINE.

Quelques auteurs parlent des chevaux sauvages.

- BUFFON.

On parle souvent de courses de chevaux en Angleterre.

BUFFON.

## OBSERVATIONS.

— On supprime l'article,

1° Devant un substantif complément direct d'un verbe quand la phrase est négative (**) :

On ne fait jamais de bien à Dieu en faisant du mal aux hommes.

VOLTAIRE.

---

(*) L'usage seul peut donner l'intelligence pratique de cette règle et indiquer la solution véritable dans bien des cas.

(**) La forme est quelquefois négative, mais le sens est affirmatif. Ainsi, *n'avez-vous pas d'enfants? de pain?* est la question de quelqu'un qui ne sait point si l'on a des enfants, du pain. Mais *n'avez-vous pas du pain? des enfants?* est la question de quelqu'un qui sait qu'on a du pain, des enfants.

2º Devant les substantifs liés au verbe de manière à former une expression verbale (*) :

> Quelquefois on a peine à surmonter la honte.
>
> CORNEILLE.

3º Devant le deuxième substantif quand deux substantifs unis par *ou* n'expriment pas des objets divers :

> On trouve des condors dans les savanes ou prairies naturelles.
>
> BUFFON.

4º Devant le deuxième adjectif quand deux adjectifs unis par *et* peuvent qualifier en même temps le même substantif (**) :

> A ces mots, il lui tend le doux et tendre ouvrage.
>
> BOILEAU.

La Fontaine, Boileau, Montesquieu, se sont écartés de cette règle dans les exemples suivants :

> Il ne se faut jamais moquer des misérables.
>
> LA FONTAINE.
>
> Je ne fais pas des vers ni même de la prose quand je veux.
>
> BOILEAU.
>
> Je ne prendrai pas de la peine pour rien.
>
> MONTESQUIEU.

(*) L'emploi ou la suppression de l'article change quelquefois totalement le sens, comme dans *entendre raillerie* et *entendre la raillerie*, *demander raison* d'une chose et *demander la raison* d'une chose.

(**) Bourdaloue, La Fontaine et La Bruyère se sont écartés de cette règle :

> Ni loups, ni renards n'épiaient
> La douce et l'innocente proie.
>
> LA FONTAINE.
>
> Le sage et l'humble saint Augustin.
>
> BOURDALOUE.
>
> L'utile et la louable pratique.
>
> LA BRUYÈRE.

Buffon et Montesquieu ont supprimé l'article devant le deuxième adjectif quoique ne pouvant point qualifier le même substantif que le premier :

> Les oiseaux domestiques et sauvages.
>
> BUFFON.
>
> Les historiens anciens et modernes.
>
> MONTESQUIEU.

— On supprime ou on exprime l'article (*),

**1°** Devant les substantifs dans une énumération :

> Le fer, le flambeau, la flamme est toute prête.
> RACINE.

> Femmes, moines, vieillards, tout était descendu.
> LA FONTAINE.

**2°** Devant les substantifs dans les sentences et les proverbes :

> Patience et longueur de temps
> Font plus que force ni que rage.
> LA FONTAINE.

**3°** Devant le deuxième substantif quand deux substantifs sont unis par *et* (**) :

> Il ne faut pas que les prix et récompenses soient distribués arbitrairement.
> J.-J. ROUSSEAU.

> Les soldats et les habitants deviendront ennemis les uns des autres.
> J.-J. ROUSSEAU.

**4°** Devant le deuxième adjectif quand deux adjectifs sont unis par *ou* :

> La bonne ou la mauvaise fortune.
> BOSSUET.

> La bonne ou mauvaise destinée.
> ROLLIN.

---

(*) On exprime l'article quand le substantif est pris dans un sens déterminé, et on le supprime quand on le présente dans un sens vague, indéterminé.

(**) Peut-on dire *les père et mère, les pères et mères* ? Les grammairiens disent non, mais Pascal, La Fontaine, Voltaire, etc., l'ont dit :

> Les père et mère ont pour objet le bien.
> LA FONTAINE.

> Les père et mère continuent de les nourrir.
> BUFFON.

# EMPLOI DE QUELQUES ADJECTIFS.

— On se sert de l'article et non de *son, sa, ses* quand l'objet possesseur est suffisamment indiqué :

> Cependant les cheveux me dressaient à la tête.
> (*Me indique suffisamment l'objet possesseur.*)
>
> BOILEAU.

On se sert de *son, sa, ses* et non de l'article quand l'objet possesseur n'est point suffisamment indiqué ou quand on parle d'une partie du corps habituellement ou périodiquement malade :

> Quoiqu'il soit un peu incommodé de son bras.
> (*On peut être incommodé du bras d'un autre.*)
>
> Mme DE SÉVIGNÉ.

J'ai mal à ma tête ; mon bras me fait mal.

> DESSIAUX.

— La répétition des adjectifs possessifs est soumise aux mêmes règles que la répétition de l'article :

> Une fille ayant perdu son père et sa mère fut envoyée à Constantinople.
>
> CHATEAUBRIAND.

Ces deux jeunes animaux ne se ressemblaient pas plus que leurs père et mère.

> BUFFON.

En récompense de vos bons et utiles offices.

> B. DE St-PIERRE.

Chacun sera jugé selon ses bonnes ou mauvaises œuvres.

> ACADÉMIE.

# EMPLOI DE QUELQUES PRONOMS.

— On se sert de *en* quand le possesseur est un nom de choses, et de *son, sa, ses, leur, leurs*, quand le possesseur est un nom de personne :

Pourquoi craindre la mort si l'on a assez bien vécu pour n'en pas craindre les suites?

BUFFON.

>          Mais qu'il faut peu compter sur la faveur des rois;
>          Un instant détermine ou renverse leur choix.

LEFRANC.

— On se sert ordinairement du pronom *soi* dans les phrases indéterminées; alors le sujet est *on, quiconque, aucun, qui, celui qui, chacun, ce, personne, tout homme*, etc. (*)

>          On peut toujours trouver plus malheureux que soi.

LA FONTAINE.

Quelquefois *soi* s'emploie comme *lui* avec des substantifs déterminés :

Idoménée, revenant à soi, remercia ses amis.

FÉNELON.

>          Le courtisan n'a plus de sentiments à soi.

BOILEAU.

(*) S'il devait y avoir équivoque, on se sert de *soi* et non de *lui* :

>          Dieu était en J.-C., réconciliant le monde avec soi.

BOURDALOUE.

La Bruyère, Massillon, Buffon, etc., ont mis le pronom *soi* en rapport avec un substantif pluriel :

>          Les nouveaux enrichis se ruinent à se faire moquer de soi.

LA BRUYÈRE.

>          Tous les animaux ont en soi un instinct qui ne les trompe jamais.

BUFFON.

— On se sert de *où* et non de *duquel*, *auquel*, *par lequel* quand on veut désigner une localité physique (*) :

Dans un bois où chantait la pauvre Philomèle

LA FONTAINE.

— On se sert de *dont* quand on veut exprimer l'action morale d'être issu, et on se sert de *d'où* quand on veut exprimer une action physique de sortie, d'éloignement, de départ :

Du sang dont vous sortez rappelez la mémoire.

RACINE.

Vénus remonte dans un nuage d'où elle était sortie

FÉNÉLON.

# EMPLOI DES MODES ET DES TEMPS.

## Indicatif.

— Le présent marque que la chose est ou se fait actuellement : *je lis*, *il parle.*

Quelquefois on emploie le présent,

1° Au lieu du passé pour donner plus de vie et de rapidité au récit (**) :

(*) Corneille, Racine et quelques autres poètes se sont écartés de cette règle :

A quoi sert le mérite où manque la fortune !

CORNEILLE.

Libre des soins cruels où j'allais m'engager.

RACINE.

(**) Selon la plupart des grammairiens il faut, dans ce cas, que les verbes qui sont en rapport dans la même phrase soient aussi au présent. On trouve plus d'un exemple contraire :

A quatre heures, Vatel s'en va partout ; il trouve tout endormi. Il rencontre un petit pourvoyeur qui lui apportait seulement deux charges de marée.

Mᵐᵉ DE SÉVIGNÉ.

Turenne meurt, tout se confond, la fortune chancelle, la victoire se lasse, la paix s'éloigne, les bonnes intentions des alliés se ralentissent, le courage des troupes est abattu par la douleur.

FLÉCHIER.

2° Au lieu du futur pour marquer un temps prochain :

Ah ! Monsieur, m'a-t-il dit, je vous attends demain.

BOILEAU.

—L'imparfait marque qu'une chose était ou se faisait en même temps qu'une autre dans un temps passé : *je lisais quand vous êtes arrivé.*

Quelquefois on emploie l'imparfait au lieu du conditionnel pour donner de l'énergie à l'expression :

Si j'avais dit un mot, on vous donnait la mort.

VOLTAIRE.

— Le passé défini marque un temps entièrement écoulé (*) :

Je vous envoie une lettre que j'écrivis hier.

FÉNÉLON.

(') Les grammairiens veulent qu'il se soit écoulé un jour, qu'il y ait une nuit d'intervalle entre le moment où s'est accomplie l'action et l'instant où l'on en fait mention. Cette règle nous paraît trop rigoureuse, et, selon nous, l'intervalle nécessaire doit se mesurer plutôt sur la pensée de l'écrivain, sur l'importance et le caractère de l'action exprimée que sur la durée d'une nuit.

Corneille, en parlant d'un combat livré le matin, dit (*Cid.* act. IV, sc. I.) :

Les Maures devant lui n'ont paru qu'à leur honte ;
Leur abord fut bien prompt, leur fuite encore plus prompte.

Et encore ( sc. III ) :

Nous partîmes cinq cents ; mais, par un prompt renfort,
Nous nous vîmes trois mille en arrivant au port.

Et Racine :

Le flot qui l'apporta recule épouvanté.

— Le passé indéfini marque un temps entièrement écoulé ou qui dure encore :

> Je vous ai écrit ce matin.
>
> FÉNÉLON.

> Quelques animaux nous ont enseigné à bâtir des maisons.
>
> ACADÉMIE

— Le passé antérieur marque qu'une chose a été faite avant une autre dans un temps passé : *je lus ce livre dès que je l'eus acheté.*

— Le plus-que-parfait marque qu'une chose était déjà faite quand une autre a eu lieu : *j'avais fini lorsque vous êtes arrivé.*

— Le futur marque qu'une chose sera ou se fera : *je lirai.*

On confond aisément dans les phrases interrogatives le futur avec le conditionnel :

> Où pourrai-je trouver ce prince trop fidèle ?
>
> RACINE.

> Pourrais-je à cette loi ne pas me conformer ?
>
> RACINE.

— Le futur passé marque qu'une chose se fera et sera achevée avant une autre : *j'aurai fini quand vous partirez.*

## Conditionnel.

— Le présent du conditionnel marque qu'une chose serait, se ferait ou se fera moyennant une condition : *si vous le vouliez, vous vous corrigeriez.*

Quelquefois la condition est sous-entendue :

> Vos lettres me plairaient (*même si elles étaient*) d'un inconnu.
>
> Mme DE SÉVIGNÉ.

> Il obtint de lui qu'Eurydice retournerait chez les vivants (*s'il ne regardait pas derrière lui jusqu'à ce qu'il fût sorti des enfers*).
>
> FÉNÉLON.

On emploie le conditionnel au lieu du futur pour donner à l'action qu'on exprime un caractère plus fort de certitude :

> Le corbeau, honteux et confus,
> Jura, mais un peu tard, qu'on ne l'y prendrait plus.
>
> LA FONTAINE.

— Le conditionnel passé marque qu'une chose aurait été faite dans un temps passé, si la condition dont elle dépendait avait été remplie : *si vous aviez été plus laborieux, vous auriez fait plus de progrès.*

## Impératif.

— L'impératif présent ou futur marque qu'une chose doit se faire actuellement ou plus tard : *partez maintenant, revenez demain.*

Quelquefois on emploie le futur pour commander :

> Dieu en vain tu ne jureras.

Souvent, pour adoucir la forme du commandement, on emploie des impératifs qui expriment une idée de soumission : *veuillez, daignez, faites-nous le plaisir ou l'honneur, ayez la bonté,* etc.

## Subjonctif.

— On emploie le subjonctif,

1° Après *il est juste, il est bon, il est nécessaire, il est important, il est impossible, il est temps, il est difficile,* etc :

> Il est juste, grand roi, qu'un ministre périsse.
>
> CORNEILLE.

Il était convenable que la nouvelle lumière se répandît partout l'univers.

> BOSSUET.

2º Après les impersonnels *il faut, il importe, il con-vient, il vaut mieux, il se peut, il plaît à*, etc. :

> Il fallut qu'au travail, son corps rendu docile,
> Forçât la terre avare à devenir fertile.
>
> BOILEAU.

3º Après *quelque que, quel que, qui que, quoi que, si.... que, à quoi que, de quoi que*, etc. :

> Quoi que vous écriviez, évitez la bassesse.
>
> BOILEAU.

> Quelque effort que fassent les hommes, leur néant paraît partout.
>
> BOSSUET.

4º Après *afin que, à moins que, avant que*, etc., et *que* pris pour une de ces locutions conjonctives :

> L'on est mort avant qu'on ait aperçu qu'on pouvait mourir.
>
> FLÉCHIER.

5º Après une proposition principale, négative ou interrogative :

> Je ne voudrais pas assurer qu'on le doive écrire.
>
> BOILEAU.

> Crois-tu que dans son cœur il ait juré sa mort ?
>
> RACINE.

— On emploie le subjonctif ou l'indicatif (\*),

1º Après *ordonner, résoudre, arrêter, exiger, décider, commander*, etc. :

> Un oracle fatal ordonne qu'il expire !
>
> RACINE.

> Ordonné qu'il sera fait rapport à la cour
> Du foin que peut manger une poule en un jour.
>
> RACINE.

---

(\*) L'indicatif, quand on veut marquer une affirmation, et le subjonctif, quand on veut marquer une indécision, un doute, un souhait.

Et souvent le conditionnel :

Pittacus ordonna qu'un homme qui commettrait quelque faute étant ivre, serait puni doublement.

FÉNÉLON.

2° Après *attendre, entendre, prétendre, se plaindre, supposer, douter* :

De lui seul je prétends qu'on reçoive la loi.

BOILEAU.

On prétend que Thésée a paru dans l'Épire.

RACINE.

3° Après *il suffit que, est-il possible que, il semble que, on dirait que, s'il est vrai que, ce n'est pas que, il n'y a que* (*), *il n'est que, jusqu'à ce que* :

On dirait que le livre des destins ait été ouvert à ce prophète.

BOSSUET.

On dirait qu'ils travaillent pour des années éternelles.

MASSILLON.

4° Après *le seul, l'unique, le premier, le dernier, le moindre, le meilleur*, suivis de *que* ou *qui* :

Je suis le seul qui vous connaisse.

FÉNÉLON.

Souviens-toi que je suis le seul qui t'a déplu.

FÉNÉLON.

Néron est le premier empereur qui ait persécuté l'Eglise.

BOSSUET.

Les Tyriens furent les premiers qui domptèrent les flots.

FÉNÉLON.

(*) Après *il n'y a que, il n'y a point, on ne veut que*, le subjonctif est plus usité.

6

5º Après *qui, que, dont, où, tout, que* :

Tout cassé que je suis, je cours toute la ville.

CORNEILLE.

Tout auteur que je sois, je ne suis pas jaloux que mon travail lui soit utile.

REGNARD.

— Le subjonctif présent ou futur marque qu'une chose dépendante d'une autre se fait actuellement ou se fera plus tard : *il faut que je parte à l'instant, demain.*

— L'imparfait marque de même un présent ou un futur par rapport au verbe qui précède : *il faudrait que je partisse actuellement ou demain.*

— Le parfait et le plus-que-parfait marquent une chose passée par rapport au verbe qui précède ou qui suit : *je voudrais que vous eussiez lu ce livre quand je reviendrai ; il faut que j'aie lu ce livre quand vous viendrez.*

### Infinitif.

— L'infinitif présent marque un présent par rapport au verbe qui précède, et il peut aussi désigner tous les temps : *je le vois venir, je l'ai vu venir, je le verrai venir.*

L'infinitif présent s'emploie comme un véritable substantif ; il est comme le substantif *sujet, complément, attribut.*

Quelquefois il s'emploie, précédé de l'article, comme un véritable substantif (*) :

(*) Nos anciens auteurs, observe Bescherelle, ont fait souvent usage de l'infinitif de cette manière. Les modernes n'ont pas craint de les imiter, mais avec plus de réserve.

La sainteté n'est chose si commune
Que le jeûner suffise pour l'avoir.

LA FONTAINE.

Il faut éviter d'employer plus de deux infinitifs de suite (*) :

Une mère pour vous croit devoir me prier.

RACINE.

— Le parfait marque un passé par rapport au verbe qui précède : *vous paraissez avoir travaillé.*

---

# EMPLOI DE *NE, NE PAS, NE POINT.*

Il y a trois négations principales : *ne, ne pas, ne point.*

*Ne point,* nie plus fortement que *ne pas,* et *ne pas,* plus fortement que *ne.*

*Ne* est tantôt *négatif* et tantôt *dubitatif.*

— Avec *ne* négatif exprimé, on omet *pas* et *point,*

1° Quand le verbe a plusieurs compléments liés par *ni* (**) :

Il ne craint ni les dieux, ni les reproches de sa conscience.

FÉNÉLON.

---

(*) On dirait néanmoins : *il pense pouvoir le faire sortir ;* mais non : *il faut ne pas croire pouvoir le faire sortir.*

(**) Pour donner plus d'énergie à l'expression, Fénélon, Corneille, Racine, se sont écartés de cette règle :

On ne trouve point dans les humains ni les vertus ni les talents qu'on y cherche.

FÉNÉLON.

Une noble pudeur à tout ce que vous faites
Donne un prix que n'ont point ni la pourpre ni l'or.

RACINE.

2º Quand la phrase est construite avec *guère*, *nul*, *aucun*, *nullement*, *personne*, *rien*, *jamais*, *plus* :

> Les gens en parleront, n'en doutez nullement.
>
> LA FONTAINE.

3º Quand *ne* est suivi de *que* :

> Le malheur n'est vaincu que par la résistance.
>
> CHENIER.

4º Quand on se sert des verbes *pouvoir*, *oser*, *savoir*, *cesser*, suivis d'un infinitif et avec *bouger* (*) :

> La liberté ne cesse d'être aimable.
>
> CORNEILLE

> Je ne bougerai de là puisque vous l'ordonnez.
>
> ACADÉMIE.

— On emploie *ne* dubitatif et on supprime *pas* et *point*,

1º Après *craindre*, *appréhender*, *avoir peur*, *trembler*, employés affirmativement dans la proposition principale (**) :

> Je crains qu'un songe ne m'abuse.
>
> RACINE.

> Tremble que je ne dévoile ton âme.
>
> CHATEAUBRIAND.

---

(*) On trouve plus d'un exemple où l'emploi de *pas* et *point* ne choque nullement :

> La pluie ne cesse pas de tomber depuis huit jours.
>
> M<sup>me</sup> DE SÉVIGNÉ.

> Ne bougez pas, Monsieur, le roi a besoin de vous.
>
> CHATEAUBRIAND.

(**) Dans les phrases interrogatives, la forme est quelquefois positive et le sens est négatif :

> Peut-on craindre (*on ne peut craindre*) que la terre manque aux hommes.
>
> FÉNÉLON.

2° Après *douter, nier, contester, tenir désespérer, disconvenir*, employés négativement dans la proposition principale (*) :

On ne peut nier que cette vie ne soit désirable.

BOSSUET.

Je ne doute pas que la vraie dévotion ne soit la source du repos.

LA BRUYÈRE.

3° Après *il s'en faut* suivi, dans la proposition principale, d'une négation ou d'un mot qui a le sens négatif, comme *peu, guère, presque rien*, etc. :

Peu s'en faut que Mathan ne m'ait nommé son père.

RACINE.

4° Après *autre, autrement, tout autre, tout autrement, plutôt que, plus tôt* :

On se voit d'un autre œil qu'on ne voit son prochain.

LA FONTAINE.

5° Après *empêcher, éviter*, et *prendre garde, garder*, dans le sens de prendre des mesures pour qu'une chose n'arrive point (**) :

La pluie empêche qu'on ne se promène.

RACINE.

Prends garde qu'il ne surprenne les trois juges.

FÉNÉLON.

(*) Selon l'Académie, on peut supprimer *ne* après *nier, contester, disconvenir*.

On ne devrait point l'exprimer s'il s'agissait d'une chose positive, incontestable :

Personne ne nie qu'il y ait un Dieu.

CHATEAUBRIAND.

(**) On trouve en poésie quelques exemples où *empêcher*, accompagné de *ne pas, ne point*, ne sont pas suivis de *ne* ; mais on en trouve très-peu en prose.

6° Après *à moins que, de peur que, de crainte que* (*) :

> De peur que tout d'un coup, efflanqué, sans haleine,
> Il ne laisse, en tombant, son maître sur l'arène.
>
> BOILEAU.

— On supprime *ne* dubitatif et *pas, point,*

1° Après *défendre* (**) :

> J'ai même défendu, par une loi expresse,
> Qu'on osât prononcer votre nom devant moi.
>
> RACINE.

2° Après *avant que, sans que* (***) :

> Adraste et ses soldats descendirent avant qu'on pût les connaître.
>
> FÉNÉLON.

---

# EMPLOI DES COMPLÉMENTS.

— Un seul nom peut servir de complément à plusieurs adjectifs pourvu que ces adjectifs demandent le même régime :

> Ce père est utile et cher à sa famille.
>
> GIRAULT-DUVIVIER.

Et non :

> Ce père est utile et chéri de sa famille.

---

(*) Les poètes s'écartent quelquefois de cette règle. On trouve peu d'exemples contraires en prose.

(**) Quelques écrivains, confondant *défendre* avec *empêcher*, ont exprimé *ne* :

> Il lui défendit avec dureté de ne jamais se présenter devant lui.
>
> VERTOT.

(***) Quelques écrivains se sont quelquefois écartés de cette règle.

— Un verbe ne peut avoir deux compléments directs :

> Ne vous informez pas de ce que je deviendrai.

Et non avec Racine :

> Ne vous informez pas ce que je deviendrai.

— Un verbe ne peut avoir deux compléments indirects pour exprimer le même rapport :

> C'est votre illustre mère à qui je veux parler.
>
> RACINE.

Et non avec Boileau :

> C'est à vous, mon esprit, à qui je veux parler.

— Un seul mot peut servir de complément à plusieurs verbes, si ces verbes veulent les mêmes compléments :

> Heureux le sage roi qui connaît sa faiblesse,
> Cherche, accueille, encourage, entend la vérité !
>
> CHENIER.

Et on ne pourrait dire :

> Il attaqua et s'empara de la ville.

# PLACE DES MOTS.

La lecture, l'usage, déterminent suffisamment la place respective de chaque partie du discours. La grammaire ne peut donner que des règles générales, et ces règles, insuffisantes pour les étrangers qui étudient la langue, sont inutiles pour ceux qui, avant d'apprendre la grammaire, savent déjà placer le sujet, le régime, etc.

—Nous observerons néanmoins,

1° Que certains adjectifs ont une signification différente, selon la place qu'ils occupent :

*Un bon homme* signifie le plus souvent un homme simple, crédule.

ACADÉMIE.

*Un homme bon* se dit d'un homme plein de candeur, d'affection, de
compassion.

ACADÉMIE.

*Un brave homme* est un homme de bien, de probité.

ACADÉMIE.

*Un homme brave* est un homme intrépide, qui affronte le danger sans
crainte.

ACADÉMIE.

*Un grand homme* est un homme d'un grand mérite moral.

ACADÉMIE.

*Un homme grand* est un homme d'une grande taille.

ACADÉMIE.

2° Que dans les phrases interrogatives le sujet se
met après le verbe :

Croira-t-il mes périls et vos larmes sincères ?

RACINE.

3° Que le régime direct se met avant le complément
indirect, à moins que le complément direct ne
soit plus long ou que la clarté n'exige une autre
disposition :

Celui qui met un frein à la fureur des flots.

RACINE.

Vos vaisseaux rendront à son fils un service signalé.

FÉNÉLON.

Tâchez de ramener par la douceur ces esprits égarés.

BESCHERELLE.

## PONCTUATION.

La ponctuation sert à distinguer les phrases et les parties constituantes des phrases, et à indiquer les pauses ou repos qu'on doit faire en lisant.

Les signes de la ponctuation sont : la *virgule*, le *point-virgule*, les *deux-points*, le *point*, le *point d'interrogation*, le *point d'admiration* ou d'*exclamation*, les *points de suspension*, la *parenthèse*, les *guillemets*, le *tiret* et le *trait de renvoi*.

### Virgule.

On emploie la virgule ;

1º Pour séparer les qualificatifs, les attributs et les participes qui se rapportent au même substantif ou pronom :

Je m'en vais vous mander la chose la plus étonnante, la plus surprenante, la plus merveilleuse, la plus miraculeuse, etc.

Mme DE SÉVIGNÉ.

Les Tyriens sont industrieux, patients, laborieux, propres, sobres, ménagers.

FÉNÉLON.

Quelqu'un le reconnut : il se vit bafoué,
Berné, sifflé, moqué, joué, etc.

LA FONTAINE.

2º Pour séparer les sujets et les compléments d'un même verbe :

Femmes, moines, vieillards, tout était descendu.

LA FONTAINE.

Le jeu n'est que fureur :
On joue argent, bijoux, maison, contrats, honneur,

REGNARD

6.

3° Pour séparer les divers compléments d'un adjectif, d'un participe, etc. :

La police y est parfaite pour la propreté des rues, pour le cours des eaux, pour la commodité des bains, pour la culture des arts et pour la sûreté publique.

FÉNÉLON.

4° Pour séparer du reste de la phrase des expressions qu'on peut retrancher sans nuire au sens de la phrase, comme les mots en apostrophe, les mots répétés par pléonasme, etc.

L'argent, l'argent, dit-on, sans lui tout est stérile.

BOILEAU.

5° Pour séparer les verbes qui ont le même sujet :

L'attelage suait, soufflait, était rendu.

LA FONTAINE.

6° Pour remplacer un verbe sous-entendu :

On a toujours raison, le destin, toujours tort.

LA FONTAINE.

7° Pour séparer du reste de la phrase les propositions incidentes explicatives :

Le loup rencontre un dogue aussi puissant que beau,
Gras, poli, qui s'était fourvoyé par mégarde.

LA FONTAINE.

8° Pour séparer des propositions de même espèce lorsqu'elles n'ont pas beaucoup d'étendue :

Turenne meurt : tout se confond, la fortune chancelle, la victoire se lasse, la paix s'éloigne, les bonnes intentions des alliés se ralentissent, tout le camp demeure immobile.

FLÉCHIER.

## Point-virgule.

On emploie le point-virgule,

1° Pour séparer les propositions secondaires qui ont une certaine étendue :

> Le monde est plein de gens qui ne sont pas plus sages ;
> Tout bourgeois veut bâtir comme les grands seigneurs ;
> Tout petit prince a des ambassadeurs ;
> Tout marquis veut avoir des pages.
>
> LA FONTAINE.

2° Pour séparer une suite de propositions ou de parties de propositions dont chacune est subdivisée par la virgule :

> Mentor admirait la bonne police de ces villes ; la justice exercée en faveur du pauvre contre le riche ; la bonne éducation des enfants, qu'on accoutumait à l'obéissance, au travail, à la sobriété, à l'amour des arts ou des lettres ; l'exactitude pour toutes les cérémonies de la religion ; le désintéressement, le désir de l'honneur, etc.
>
> FÉNÉLON.

## Deux-points.

On emploie les deux-points,

1° Après une proposition qui annonce une citation :

> Le chêne un jour dit au roseau :
> Vous avez bien sujet d'accuser la nature.
>
> LA FONTAINE.

2° Après une proposition qui annonce une énumération, ou avant la proposition, si l'énumération précède.

> On distingue deux sortes de noms : les noms propres et les noms communs.

> Gaîté, doux exercice et modeste repas :
> Voilà trois médecins qui ne se trompent pas.

3° Après une proposition principale suivie d'une proposition subordonnée :

> Il faut autant qu'on peut obliger tout le monde :
> On a souvent besoin d'un plus petit que soi.
>
> LA FONTAINE.

> Rien ne sert de courir : il faut partir à point.
>
> LA FONTAINE.

## Point.

On emploie le point,

1° A la fin de toutes les phrases dont le sens est complet :

> Dieu protégé l'innocence.
>
> RACINE.

2° Après les mots écrits par abréviation :

> S. M. : Sa Majesté.

## Point d'interrogation.

On emploie le point d'interrogation à la fin des phrases interrogatives :

> Mentor lui dit d'un ton grave : Sont-ce donc là, ô Télémaque ! les pensées qui doivent occuper le cœur du fils d'Ulysse ?
>
> FÉNÉLON.

## Point d'admiration ou d'exclamation.

On emploie le point d'admiration ou d'exclamation après les phrases qui expriment quelque mouvement de l'âme, comme la surprise, la terreur, la joie, et après les interjections :

> Que le monde, dit-il, est grand et spacieux !
> Voilà les Apennins et voici le Caucase !
>
> LA FONTAINE.

Votre salaire ! dit le loup,
Vous riez, ma bonne commère !
Quoi ! ce n'est pas encore beaucoup
D'avoir de mon gosier retiré votre cou !

LA FONTAINE.

## Points de suspension.

On emploie les points de suspension après une phrase brusquement interrompue, soit par l'effet d'une vive passion, soit pour activer l'attention du lecteur :

Oh ! s'il m'eût attaqué dans ma force !...... : mais encore à présent, ce n'est que par surprise. Que ferai-je ?....... Rends, mon fils, rends, sois semblable à ton père, semblable à toi-même. Que dis-tu ?........ Tu ne dis rien ! O rocher sauvage, etc.

FÉNÉLON.

## Parenthèse.

On emploie la parenthèse pour renfermer quelques mots formant un sens distinct de la phrase et servant quelquefois à l'éclaircir :

La peste ( puisqu'il faut l'appeler par son nom ),
Capable d'enrichir en un jour l'Achéron,
Faisait aux animaux la guerre.

LA FONTAINE.

## Guillemets.

On emploie les guillemets avant le premier mot, au commencement de chaque ligne, et après le dernier mot d'un discours que l'on cite :

« Nous mourons tous, » disait cette femme dont l'Ecriture a loué la prudence au second livre des Rois, « et nous allons sans cesse au tombeau, ainsi que des eaux qui se perdent sans retour. »

BOSSUET.

## Tiret.

On emploie, le tiret pour marquer le changement
d'interlocuteurs et éviter la répétition des mots : *dit-
il, répond-il,* etc. :

> Regardez bien , ma sœur,
> Est-ce assez ? dites-moi ; n'y suis-je point encore ? —
> Nenni. — M'y voici donc? — Point du tout. — M'y voilà. —
> Vous n'en approchez point.
>
> LA FONTAINE.

## Trait de renvoi.

On emploie le trait de renvoi à la fin d'une ligne
pour indiquer que le mot n'est pas fini et qu'on en
a reporté une ou plusieurs syllabes à la ligne sui-
vante.

# TRAITÉ DE PRONONCIATION.

Les lettres se divisent, dans la prononciation, en *sons* et en *articulations*.

Les voyelles forment seules et sans aucun mouvement articulé de la bouche un son ou une voix.

Les consonnes ne peuvent se faire entendre sans le secours des voyelles et se prononcent avec des mouvements articulés de la bouche.

Les voyelles sont *simples, composées* ou *nasales*.

Les voyelles simples sont : *a, e, i, y, o, u*.

Les voyelles composées sont : *ai, au, ei, eu, ou* (*).

Les voyelles nasales se réduisent, pour le son, à quatre : *an, ein, on, eun*.

## Tableau des sons ou voyelles.

| | |
|---|---|
| A aigu, | *patte.* |
| A grave, | *pâte.* |
| E muet, | *le, faisons.* |
| É fermé, | *café, j'aimai.* |
| E moyen, | *Grèce.* |
| È ouvert, | *graisse, grès.* |
| I, | *ris.* |
| O aigu, | *hotte, botte, Paul.* |
| O grave, | *hôte, haut.* |
| U, | *rue.* |
| OU, | *doux.* |
| EU aigu, | *peur.* |
| EU grave, | *jeûne.* |
| AN, | *dent, blanche.* |
| EIN, | *pain, vin.* |
| ON, | *bon, punch.* |
| EUN, | *un, parfum, à jeun.* |

(*) Ne confondez pas les voyelles composées avec les diphthongues. Les voyelles composées sont aussi simples pour l'oreille que *a, e, i*; et les diphthongues font entendre deux sons en une seule émission de voix : *ciel, liard, nuit*.

Les consonnes se nomment *labiales*, *gutturales*, *dentales*, etc., selon les organes qui servent à les articuler.

## Tableau des articulations ou consonnes.

| | |
|---|---|
| B, | *bon.* |
| D, | *dur.* |
| F, | *fort, phare.* |
| G, | *goût.* |
| H muette, | *homme* |
| H aspirée, | *héros.* |
| J, | *jeu, agile.* |
| K, | *cas, querelle, kyrielle.* |
| L, | *loi.* |
| L mouillée, | *bredouiller, travail, péril.* |
| M, | *mort.* |
| N, | *non.* |
| P, | *père.* |
| R, | *roi.* |
| S, | *savoir, cela, action.* |
| T, | *tendre.* |
| V, | *vous.* |
| Z, | *zèbre, asile.* |
| CH, | *chat.* |
| GN, | *oignon.* |

## Voyelles simples.

— *A* est aigu ou grave (*).

*A* est ordinairement aigu : *ramage, art, fard.*

*A* est grave :

1° Lorsqu'il est marqué d'un accent circonflexe : *pâtre, gâteau.*

2° Dans les mots en *ation, assion* : *prononciation, compassion.*

---

(*) Ne confondez pas *a* bref, *a* long avec *a* aigu *a* grave. Dans le mot *hasard*, *a* est grave, et cependant il est bref ; le second, est aigu, et cependant il est long.

De même pour *e* et pour *o.*

3° Devant *z* et devant *s* adoucie ou non prononcée : *gaz, gazette, bas, pas,* et dérivés.

4° Lorsqu'il est suivi à la fin des mots d'une *s* même prononcée fortement : *Agésilas.*

5° Dans *espace, grace, lacer, barre, caille, caillé, bataille, canaille, écaille, haillon, limaille, rocaille, Versailles, railler,* et autres verbes en *ailler.*

Les dérivés de *rassasier, bras, embarras, fracas, tracas,* et *bataillon, travailler, détailler,* rentrent dans la première règle.

*A* ne se prononce pas dans *août, aoriste, Saône.*

— *E* est *muet, fermé, moyen* ou *ouvert.*

*E* sans accent est muet :

1° A la fin des mots, seul ou suivi de *s* : *livre, tu aimes.*

2° A la 3° personne du pluriel des verbes : *ils pensent.*

3° Dans les composés de la préposition itérative *re* suivie de deux *s,* ou de deux consonnes dont la 2° est liquide : *ressentir, resserrer, reprendre, replier.*

4° Dans *dessus, dessous, orgueil, enorgueillir.*

*E* est fermé :

1° Quand il est marqué d'un accent aigu : *café, réformé.*

2° Dans les terminaisons *er, ez,* lorsque les consonnes finales ne se prononcent pas : *soyez, singulier.*

3° Dans la conjonction *et.*

*E* est moyen :

1° Quand il est marqué d'un accent grave : *hypothèque, troisième, espèce.*

2° Dans les mots en *er* lorsque l'*r* fait liaison : *aimer à rire, singulier événement.*

3° Quand il est suivi de deux consonnes ou de *x* : *réellement, cesser, erreur.*

4° Dans les mots terminés en *et*, comme *objet, projet.*

5° Dans *des, les, mes, tes, ses,* et les deux personnes du verbe *être : tu es, il est.*

*E* est ouvert, quand il est marqué d'un accent circonflexe : *même, tempête.*

*E* sans accent ne se prononce pas :

1° A la 3ᵉ personne des imparfaits et des conditionnels (*aient*).

2° Entre *g* et une des voyelles *a, o, u,* comme dans *geôle, geôlier, esturgeon, gageure, il engagea.*

3° Dans *Jean, beau, sceau,* etc., et les noms propres *Caen, Staël.*

*Goëthe* se prononce *gheuthe.*

— *O* est aigu ou grave.

*O* est ordinairement aigu : *porte, loge.*

*O* est grave :

1° Quand il est marqué d'un accent circonflexe : *apôtre, le nôtre.*

2° Dans les mots en *otion* (ocion) : *motion, dévotion.*

3° Devant *z* ou *s* adoucie : *chose, proposer.*

4° A la fin des mots, lorsqu'il est seul ou suivi d'une lettre non prononcée : *écho, numéro, galop, pot.*

5° Quand il est suivi, à la fin des mots, d'une *s* même prononcée : *Lesbos, rhinocéros.*

6° Dans les dérivés des noms en *os* : *dossier, grossier.*

7° Dans *fosse, odeur, tome.*

*Cosaque, losange, mosaïque, Mozambique, Mozart, mosette, ôtages, philosophe,* rentrent dans la première règle.

*O* ne se prononce pas dans *faon, paon, Craon, Craone, Laon*, et dans les dérivés *faonner, paonne, paonneau*, etc.

— *U* se prononce :

1º Comme *o* dans *punch, rhum, junte, Sund, pensum, Munster, Humbert* et quelques autres mots étrangers.

2º Comme *ou* dans *Guadeloupe, Guadalquivir, quaker* (kouakre), *Quasimodo, quatuor, équateur, équation, quadruple*, et dérivés.

## Voyelles composées.

— *Ai* se prononce :

1º Comme *e* muet dans le verbe *faire* et ses dérivés lorsqu'il est suivi d'une *s* non finale : *faisons, bienfaisant.*

2º Comme *é* fermé au futur et au passé défini des verbes : *je chantai, je chanterai*, et dans *j'ai, geai, je sais.*

3º Comme *è* avec l'accent grave dans tous les autres cas.

— *Au* se prononce :

1º Comme *ò* grave : *aussi, au, haut.*

2º Comme *ó* aigu lorsqu'il est suivi d'un *r* : *Maure, j'aurai, aurore ;* et dans *mauvais, Paul, Vincent de Paul,* et selon beaucoup de personnes dans *cauchemar, augmenter, Auguste, Augustin, autorité.*

— *Ei* se prononce :

1º Comme *è* avec l'accent grave : *peine.*

2º Comme *é* avec l'accent circonflexe, dans *Seine, reine.*

— *Eu* (*œu*) se prononce grave comme dans *jeûne, peu, jeu, nœud, œufs,* etc.

*Eu* (*œu*) se prononce aigu :

1° Lorsqu'il est suivi :

d'une *r* prononcée : *peur, peureux, sœur.*

d'une *f* ou d'un *v* prononcés : *veuf, veuve, bœuf.*

d'une *l,* soit simple, soit mouillée, soit même précédée d'une autre consonne avec laquelle elle se lie comme liquide : *seul, feuille, peuple, aveugle.*

2° Dans *jeune* (juvenis), et dans *peut-être.*

*Eu* se prononce *u* dans le verbe *avoir : j'eus, j'ai eu, j'eusse.*

## Voyelles nasales.

—Les voyelles deviennent nasales :

1° Devant *m* ou *n* à la fin des mots (*) : *Adam, an, Joachim, dain, scrin, Absalon, second, parfum, chacun.*

2° Devant *m, n* suivies d'une consonne autre que *m* ou *n : amputer, ancien, imbiber, inspirer, ombre, onde, humble, lundi.*

3° Devant *n* suivie de *m : néanmoins.*

La voyelle *e* est toujours nasale dans la préposition *en,* soit seule, soit en composition : *emmener, ennui, enivrer, enorgueillir.*

— *En* représente la voyelle nasale *an : j'en veux, entendre.*

Excepté dans *pensum, chrétienté, Bengale, Ben-*

(*) Les troisièmes personnes plurielles des verbes et les noms où *m* et *n* gardent leur son propre n'ont point de voyelle nasale.

*jamin*, et à la fin des mots : *bien, chrétien, examen,* où *en* représente la voyelle nasale *ein* (*).

## Consonnes simples.

— *B* final ne se prononce pas : *plomb.*

Excepté :

1º Dans les noms étrangers : *Job, Achab,* etc.

2º Dans les mots techniques : *rumb, radoub, rob,* etc.

— *C* se prononce :

1º Comme *k* devant *a, o, u* et devant les consonnes : *calcul, clameur.*

2º Comme *s* devant *e, i* et devant *a, o,* marqué d'une cédille : *façon.*

3º Comme *g* dans *reine-claude* et dans *second,* et ses dérivés : *seconder,* etc.

4º Comme *ch* dans *vermicelle.*

*C* final ne se prononce pas dans *accroc, amict, almanach, arsenic, broc, clerc, cotignac, croc, cric, escroc, estomac, jonc, porc frais, porc salé, tabac, troc, racroc, marc* (poids).

— *Ch* se prononce ordinairement adouci : *chien, chat.*

*Ch* se prononce comme *k* :

1º Devant une consonne : *chrétien, chrysalide.*

2º Dans les noms hébreux : *Achab, Chanaan.*

3º Dans les mots grecs et dérivés du grec : *orchestre.*

4º Dans les mots italiens *Chiaramonti, Michel-Ange.*

---

(*) On dispute, sur Valens, empereur, *appendice, pentamètre,* et autres composés de *pent* (πέντε). L'Académie prononce *appindice, pintamètre.*

Mais *Architopel*, *Ézéchias*, *Ézéchiel*, *Malachie*, *Michée*, *Sichem*, *Machiavel*, *machiavélisme*, et les composés de *arch* (ἀρχ), comme *archevêque*, *archiprêtre*, rentrent dans la règle générale (*).

— *F* finale ne se prononce pas :

1° Dans *clef*, *cerf-volant*, *nerf-de-bœuf*, *bœuf-gras*, *cerfs*, *bœufs*, *œufs*, *nerfs*.

2° Dans *neuf* suivi de son substantif commençant par une consonne : *neuf personnes*.

Mais, si le substantif commence par une voyelle, *f* se prononce *v* : *neuf ans*, *neuf hommes*.

— *G* se prononce :

1° Avec le son dur devant *a, o, u* et devant les consonnes : *gâteau*, *gosier*, *guttural*, *gloire*, *augmenter*, *Enghien*.

2° Avec le son adouci devant *e, i* : *gelée*, *gibier*, *engageant*, *geôlier*, *gageure*.

3° Comme *k* au commencement de *gangrène* et ses dérivés.

*G* final ne se prononce que dans *joug*, *bourgmestre* et les mots étrangers : *Agag*, etc.

— *Gn* renferme deux consonnes distinctes :

1° Au commencement des mots : *gnome*.

2° Dans *agnat* et dérivés, *diagnostic*, *stagnant*, *stagnation*, *régnicole*, *inexpugnable*, *igné*, *Progné*.

— *H* est ordinairement muette : *l'homme d'honneur*.

---

(*) Il faut en excepter *archonte*, *archange*, *archéologue*, *archétype*, *archiépiscopal*, *tétrarchat*.

*H* est aspirée :

1° Au milieu des mots entre deux voyelles : *cohue.*

2° Dans les mots suivants :

ha !
habler,
hache,
hagard,
haie.
haillon,
haine,
haïr,
haire,
hâle,
halle,
hallebarde,
hallier,
halletant,
hâloir,
halte,
hamac,
hameau,
hampe,
hanche,
hangar,
hanneton,
hanse,
hanter,
happer,
haquenée,
harangue,
haras,
harasser,
harceler,
hardes,
hardi,
harem,
hareng,
hargneux,
haricot,
haridelle,
harnais,

haro
harpe,
harpie,
harpon,
hart,
hasard,
hase (*femelle du lièvre*),
hâte,
hauban,
haubert,
hausse,
haut,
hâve,
havre,
havre-sac,
hé !
heaume,
hêler,
hein !
hennir,
héraut,
hère,
hérisser,
hérisson,
hernie,
héron,
héros,
herse,
hêtre,
heurter,
hibou,
hideux,
hiérarchie,
hie,
hisser,
ho !
hobereau,
hocher,

hochet,
holà !
homard,
hougre,
honnir,
honte,
hoquet,
hoqueton,
horde,
hors,
hormis,
hotte,
hottentot,
houblon,
houe,
houille,
houle,
houlette,
houppe,
houppelande,
hourder,
houris,
hourra,
houspiller,
housse,
houx,
hoyau,
huche,
huée,
huguenot,
huit,
humer,
hune,
huppe,
hure,
hurler,
hussard,
hutte,

et dans leurs dérivés et leurs composés.

Excepté : *exhausser, exhaussement, héroïque, héroïsme.*

3º Dans presque tous les noms de pays et de villes :
*le Hénault, la Hongrie, la Hollande*, etc. (\*)

— *L* ne se prononce pas dans *baril, chenil, coutil, fils, fournil, fusil, gentil, gentilshommes, gril, nombril, persil, saoul, sourcil.*

*L* (*ll*) est mouillée :

1º à la fin des mots et précédée de *i* : *avril, péril, mil* (grain), *œil, travail, fille, aiguille.*

2º Dans *aill, eill, œill* : *travailler, œillet, s'enorgueillir.*

Excepté dans *Nil, fil, mil* (adjectif numéral), *exil, Brésil,* et les mots où *l* ne se prononce pas ; dans *Achille, Gille, idylle, imbécille, pupille, sybille, squille, tranquille* et quelques autres mots peu connus.

— *M* ne se prononce pas dans *automne,* ni dans *damner, condamner* et leurs dérivés.

*M* finale a sa valeur propre dans les mots étrangers, comme *Sem, Cham, Abraham, Amram, Jérusalem, décorum, intérim, maximum, minimum, album, factum, Ibrahim, Sélim, Priam, Amsterdam, Stockolm, pensum,* etc.

— *N* finale se prononce dans *Tarn, amen, gramen, dictamen,* et ne se prononce pas dans *Béarn, Monsieur.*

— *P* ne se prononce pas dans *baptême, baptiser, baptistaire, Baptiste, Anabaptiste, dompter, exempt, exempter, compter, prompt, sept, septième,* et dans leurs dérivés.

(\*) L'usage permet de dire : *traité d'Hollande, fromage d'Hollande.*

Excepté dans *exemption, baptismal.*

*P* final ne se prononce pas (*) : *camp, drap.*

Excepté dans *Alep, cap, gap, julep, salep* (herbe de Turquie).

— *R* finale ne se prononce pas :

1° Dans *Monsieur, Messieurs.*

2° Quand elle est précédée de *e* : *aimer, étranger.*

Excepté :

1° Dans les monosyllabes : *fer, cher, mer, ver* (insecte).

2° Dans *amer, cancer, enfer, éther, belvéder, cuiller* (**), *hier, hiver, Lucifer, Jupiter, Esther, magister.*

3° Dans les mots étrangers *frater, gaster, Munster, le Niger,* etc. *Alger* rentre dans la règle.

— *S* se prononce douce :

1° Dans *Alsace, balsamine, balsamique, balsamite, transalpin, transiger, transaction, transition, transitoire.*

2° Quand il est entre deux voyelles : *rose, oiseau.*

Excepté :

| | | |
|---|---|---|
| désuétude, | monosyllabe, | vraisemblance, |
| entresol, | parasol, | resaluer, |
| nous gisons, | polisyllabe, | resaisir, |
| gisant, | présupposer, | resacrer, |
| gisement, | préséance, | *et leurs dérivés.* |

*S* ne se prononce pas dans *dès que, tandis que, Duchesne, Dufresne, l'Hospital, le Nostre, la Forest,*

---

(*) *P* final ne fait alors liaison que dans *trop* et *beaucoup* : *il est trop actif, il a beaucoup étudié.*

(**) On écrit aussi *belvédère, cuillère.*

7

*Nesle*, *Belesme*, *Duquesne*, *Descartes*, *Desforges*, *Destouches*; *d'Estrées*, *du Guesclin*, *les Vosges*, etc.

S finale se prononce :

1º Dans *as*, *aloës*, *laps* (de temps), *blocus*, *ours*, *maïs*, *jadis*, *lys*, *calus*, *hélas*, *mœurs*, *sens* (\*), *mars*, *rhinocéros*, *bis*, *gratis*, *angelus*, *omnibus*, *oremus*, *rébus*, *us* (et coutumes), *prospectus* (et autres mots venus du latin), *plus-que-parfait*,

2º Dans *tous* pronom : *tous* (tou) *les accusés sont venus ; nous les avons interrogés tous* (tous),

3º Dans les noms propres : *Agésilas*, *Argus*, *Brutus*, *Cérès*, *Damas* (ville), *Epaminondas*, *Eurotas*, *Hermès*, *Iris*, *Lemnos*, *Minos*, *Némésis*, *Arras*, *Carpentras*, *Cujas*, *Stanislas*, *Clovis*, etc.

Excepté *Jésus*, *Colas*, *Lucas*, *Thomas*, *Denis*, *Judas*.

— *Sh* se prononce comme *ch* adouci dans les mots anglais : *Shéridan*, *Cavendish*, *Shakespeare* (Chekspire).

— *T* se prononce comme *s :*

1º Dans *tia* : *nuptial*, *initiation*, *Miltiade.*

2º Dans les terminaisons *atie*, *étie*, *itie*, *tium*, *tius :* *aristocratie*, *peripétie*, *Nigritie*, *Latium*, *Grotius.*

3º Dans *argutie*, *balbutier*, *Béotie*, *Dioclétien*, *captieux*, *ineptie*, *inertie*, *minutie*, *nation*, *notion*, *patient*, *satiété*, etc.

Mais *t* conserve son articulation propre dans *Critias*, *centiare*, *tiare*, *épizootie*, *il châtia*, *galimatias*, etc.

(\*) Mais non dans *bon sens*, *contre-sens*, *sens commun*, *sens rassis* et *sens-dessus-dessous*.

*T* final se prononce :

1º Dans *abject, accessit, brut, Christ, antéchrist* (*), *chut, cobalt, contact, correct, incorrect, débet, déficit, direct, indirect, dot, est, ouest, exact, inexact, exéat, fait* (substantif) (**), *fat, granit, indult, infect, luth, rapt, strict, tact, zénith,* etc.

2º Dans les noms propres *Apt* (Ate), *Anet, Brest, Judith, Nazareth, Josabeth,* etc.

3º Dans *sept* et *huit* seuls ou suivis d'un substantif commençant par une voyelle ou une *h* muette : *ils sont sept, ils sont huit ; sept hommes, huit arbres.*

4º Dans *vingt* suivi d'un substantif commençant par une voyelle ou une *h* muette, et depuis 22 jusqu'à 29 : *vingt hommes, vingt-sept.*

— *X* se prononce :

1º Comme *gz* au commencement des mots et après *e* initial suivi d'une voyelle : *Xavier, examen, exemple.*

2º Comme *cs* dans le corps des mots et suivi d'une consonne : *exclusion;* ordinairement dans le corps des mots et entre deux voyelles : *expédient;* ordinairement à la fin des mots : *Styx, Pollux.*

3º Comme *s* dans *six, dix, Aix* (***).

4º Comme *ss* dans *Bruxelles, Auxerre* (****), *Auxonne, soixante.*

5º Comme *z* dans *deuxième, sixième, dixième, sixaine, dixaine.*

---

(*) C'est du moins la prononciation générale dans le discours soutenu ; mais on ne le prononce pas dans *Jésus-Christ.*

(**) Lorsqu'il termine la phrase, comme dans *c'est un fait, le droit et le fait.*

(***) A Aix on prononce *ecs.*

(****) *X* se prononce comme *cs* dans *Saint-Germain-l'Auxerrois.*

*X* final ne se prononce pas :

1° Quand il est signe du pluriel : *cieux, travaux.*

2° Dans *six, dix* suivis de leurs substantifs commençant par une consonne : *dix personnes, six chevaux.*

3° Dans *deux : ils sont deux.*

Mais *x* prend le son du *z* quand il se lie au mot suivant : *dix hommes, travaux utiles.*

## Consonnes redoublées.

— *B* redoublé se prononce simple : *abbé*, *rabbin.*

— *C* redoublé se prononce comme deux *k* dans *acclimater, acclamation, accolade, acculer* et quelques autres mots (\*).

— *D* redoublé se prononce simple : *addition.*

— *F* redoublée se prononce simple : *affaiblir, office.*

— *G* redoublé se prononce simple ou double : *agglomérer* ou *aglomérer.*

— *L* redoublée se prononce double :

1° Dans les mots qui commencent par *ill* ou *coll :* *illustre, illuminé, collégiale, collationner* ( un exemplaire ).

Excepté *collationner* (prendre un léger repas), *colle, colline, collége, collet* et dérivés.

2° Dans les noms propres et les noms étrangers : *Apollon, Pallas, Pella, Magellan, Othello,* etc.

3° Dans les mots suivants et leurs dérivés :

| | | |
|---|---|---|
| allaiter, | alléguer, | ellébore, |
| allécher, | allocation, | fallacieux, |
| alléger, | appellatif, | folliculaire, |
| allusion, | belliqueux, | gallican, |
| allégorie, | belligérant, | gallicisme, |
| allégresse, | constellation, | hallucination, |

(\*) Néanmoins cet usage n'est pas général.

| hellénisme, | palladium, | syllabe, |
| intelligent, | pellicule, | syllogisme, |
| malléable, | pulluler, | vaciller, |
| métallique, | pusillanime, | velléité. |
| nullité, | rébellion, | |
| oscillation, | solliciter, | |

— *M* redoublée se prononce double :

1° Dans les noms propres : *Ammon, Emmanuel.*

2° Dans les mots qui commencent par *imm* : *immense, immobile.*

3° Dans les mots suivants et leurs dérivés : *ammoniac, commensurable, commémoration, commotion, commuer, grammatical* (*).

— *N* redoublée se prononce ordinairement simple : *année, connaître.*

*N* redoublée se prononce double dans *annexe, annales, annates, annuaire, annuel, annulaire, annihilation, annuler, annotation, ennéagone, inné, innover, innommé, cannibal, connexion, connivence, triennal, septennal, tyrannie*, et quelques autres mots peu usités ou analogues à ceux-ci.

— *P* redoublé se prononce simple : *apprendre, frapper.*

Excepté dans *apposer, apposition.*

— *R* redoublée se prononce double dans *errer* (et dérivés), *torrent, narration ;* au futur de *mourir, courir,* et après *e, i, o, u,* suivis d'une voyelle et d'une consonne prononcée : *horreur, irritée, résurrection.*

Excepté *corriger, corridor, corrompre, derrière, interrompre, interroger, perroquet, perruche, per-*

(*) On dispute sur *grammaire.*

*ruque, pierreries, serrure, serrurier, terroir,* et autres dérivés de *terre* (\*) où *r* redoublée se prononce
simple.

— *S* redoublée et *sc* se prononcent simples : *passer,
descendre.*

Excepté dans *essence, condescendre* ( et dérivés),
*assentiment, Assur, passif, ascétique, ascension.*

— *T* redoublé se prononce double dans les mots
de trois syllabes quand les deux *t* appartiennent à
des syllabes différentes : *atticisme, pittoresque, guttural.*

Excepté dans *attaquer, batterie* et les composés de
*ad,* comme *attirer, attendre* (\*\*).

— *Z* finale a le son fort de l'*s* dans les noms propres : *Suez, Metz* (le *t* ne se prononce pas), et dans
les noms espagnols : *Torrez,* etc.

(') Excepté dans les dérivés de *terre* : *terrestre* et *territoire.*
(") Mais dans *attérer, attraction, t* redoublé se prononce doublé.

FIN.

# TABLE DES MATIÈRES.

Pages.

## SYNTAXE.

### COURS INFÉRIEUR DE GRAMMAIRE 1er ORDRE (6e).

## SYNTAXE.

### COURS INFÉRIEUR DE GRAMMAIRE 2e ORDRE (5e).

FIN DE LA TABLE DES MATIÈRES.

TOULOUSE. — IMP. LAMARQUE & RIVES.

www.ingramcontent.com/pod-product-compliance
Lightning Source LLC
Chambersburg PA
CBHW071226290326
41931CB00037B/1997